幽默沟通的艺术

于扬 著

金盾出版社

图书在版编目（CIP）数据

幽默沟通的艺术/于扬著.—北京：金盾出版社，2020.1
ISBN 978-7-5186-1645-9

Ⅰ.①幽… Ⅱ.①于… Ⅲ.①幽默(美学)—语言艺术—通俗读物 Ⅳ.①H019-49

中国版本图书馆CIP数据核字（2019）第134564号

责任编辑：周　继　　　整体策划：三棵松

金盾出版社出版、总发行
北京市太平路5号（地铁万寿路站往南）
邮政编码：100036　电话：68214039　83219215
传真：68276683　网址：www.jdcbs.cn
三河市金泰源印务有限公司印刷、装订
各地新华书店经销
开本：889×1194　1/32　印张：6
2020年1月第1版　第1次印刷
印数：1~50 000册　定价：38.00元

前言

从 0 到 1 幽默感

幽默是一切智慧的光芒，照耀在古今哲人的灵性中间。凡有幽默的素养者，都是聪敏颖悟的。他们会用幽默手腕解决一切困难问题，而把每一种事态安排得从容不迫，恰到好处。

——钱仁康

在每个人的内心，都存在着一片开心幽默的天空。一个短小的幽默笑话，能让你在众人当中成为焦点，给你增添几分光彩照人的魅力。它还可以使原本沉闷的气氛变得轻松活泼，就好像风中吹来一股雨过天晴的清新空气，空中挂起一弯清净鲜亮的虹桥。

幽默是一个人聪明和智慧的体现，也是一个人积极和乐观的体现。一个具有强烈幽默感的人，往往更容易取得成就，获得成功，很多问题在幽默面前都会迎刃而解。

其实，每一个人都是具有幽默感的，只是表达的方式各有不同，并且受时间、空间等诸多条件的限制。当一个人将他的幽默感表现出来时，他的性格也就显示出来了。经过心理学家的分析研究，总结了以下几种不同的幽默方式，并对它们一一作了分析。

用一个幽默来打破一个僵局，这样的人随机应变的能力比较强，反应快。所谓的社交能力其实正是考验这种临场反应的能力，能够料敌于先并想好对策，就能解决很多问题。因为自己出色的表现，可能成为受人关注的对象。这种人大多有比较强烈的表现欲望，希望能够得到他人的注意与认可。

经常用幽默的方式来挖苦别人的人，多心胸比较狭窄，有强烈的嫉妒心理，有时甚至做一些落井下石的事情。他们有较强的自卑心理，生活态度消极，常常进行自我否定。由于自卑的心理造成的心理扭曲使得他们又极其自负。他们最擅长挑衅和嘲讽他人，整天盘算他人，自己却从未真正地开心过。这一类人在和人交往的时候，不仅不容易被别人喜欢，还会给别人一种不可靠不诚实的感觉。

善于运用自嘲式幽默的人，首先应该具有一定的勇气，敢于进行自我嘲讽，这不是一般人能做到的。是一种胸襟和气魄，是坦然面对生活的豁达态度。善于自嘲式幽默的人，心胸都比较宽阔，能够接受他人的意见和建议，而且能够经常地反省自己，进行自我批评，寻找自身的错误，进行改正。他们这种气质，让他人看在眼里，很容易产生一股敬佩之情，从而为自己带来比较好的人际关系。这种人在和人交流中，也容易让人产生信任的感觉，不会让人感觉他说什么都是在撒谎。

指出他人缺点的方式有很多种，有善意的，也有恶意的。用幽默的方式嘲笑、讽刺他人，这一类型的人给人的第一印象是相当机智和风趣的，对于任何事物都能细致入微的观察，能够关心和体谅他人，但实际上这种人是相当自私的。他们在乎的可能只是自己。他们在为人处世各个方面总是非常小心和谨慎，凡事总赶着要比别人快一步。他们疾恶如仇，心胸也比较狭窄，有谁伤害过自己，一定会想方设法让对方付出代价。他们有较强的嫉妒心理，当他人取得了成就的时候，会故意进行贬低。和这种人交往越久，就会越难以相处，因为他们所说的话就会让人听着不舒服，也不像是真心话。

喜欢制造一些恶作剧式幽默的人，他们多是活泼开朗、热情大方的人，对生活的态度积极乐观，对旁人热心友善，活得很轻松，即使有压力，自己也会想办法缓解这种压力。他们在言谈举止等各方面都表现得相当自然，不喜欢受到拘束。他们大多比较顽皮，爱和人开玩笑，他们在这个过程中进行自我愉悦，同时也希望能够将这份快乐带给他人。在人际交往中，这类人比较受大家欢迎，因为他们给人的感觉就是贪玩而已，没有心计，而且脾气很好，容易相处。

幽默不完全是临场发挥，有些人为了向他人表现自己的幽默感，常常会事先准备一些幽默段子，然后在许多不同的场合不厌其烦地说。提前准备是正确的，但在任何场合都说是错误的。这一类型的人多比较热衷追求一些形式化的东西，而且很在乎他人对自己所持的态度。在生活中，这类人的态度都比较严肃、拘谨，能够控制自己的感情。在人际关系中，这类人给人的感觉较为刻板，明明没有什么幽默天赋，还偏偏装出一副幽默风趣的样子，让人怀疑他的话是不是别有用心，给人一种很不诚实的感觉。这种情况，最好是改变自己的幽默方式。否则，说一些尴尬的幽默的话还不如做一个沉默寡言的人。当你真正掌握幽默了，各种场合运用得都会游刃有余，但如果只是学习了幽默的形式，等待你的将是处处尴尬。所以说，最困难的不是从1到100，而是从0到1，这代表着你是否掌握幽默的灵魂。

所以，让我们努力做一个懂得幽默的人吧。

... 目录 ...

第一章　从 0 到 1，幽默必修技

幽默必修——知识力	002
幽默必修——眼力	004
幽默必修——趣味是幽默的支撑力	006
幽默必修——掌控力	009
幽默必修——逻辑力	012
幽默必修——创新力	020
幽默必修——技巧力	022
幽默必修——语言力	027
幽默必修——微笑力	031

第二章　好的演讲，离不开幽默

幽默风趣才能成为真正的演讲高手	034
用幽默为演讲开场	036
用幽默渲染演讲	040
演讲中常犯的五种错误，幽默来解决	043

面对刁钻问题，用风趣幽默来应对　　046
幽默也是需要界限的　　050
善始善终，让演讲在幽默中完美结束　　052

第三章　社交篇：幽默是开启社交场合的金钥匙

幽默是顶级社交达人的必备"武器"　　058
幽默是最快提升个人魅力的神器　　061
遭遇尴尬局面，用风趣幽默来化解　　064
学会幽默的拒绝，能为自己留余地　　068
用幽默化解他人的怒气，弱化他人的攻击　　071
自嘲也是幽默的一种　　074
自己常备一些幽默包袱　　080
妙语连珠，让朋友簇拥在你身边　　083

第四章　职场篇：幽默是缓解职场压力的调节剂

幽默的自我介绍，是面试的加分项　　088
职场幽默的人，与同事相处更融洽　　093

快速修炼职场幽默力	096
幽默是缓解工作压力的调节剂	099
用幽默让别人对你产生信任感	102
幽默最具感染力,能搞定同事更能搞定客户	105
如何用幽默提高业绩	109
用幽默化解职场矛盾	112
幽默的领导最容易俘获下属	118
让对方掉入"幽默陷阱"	122
幽默助你成为销售冠军	125

第五章 约会篇:成功的爱情需要幽默智慧

用幽默拯救"表白死"	132
幽默的女人更易俘获男人	137
幽默情话,维护关系的最佳方式	140
幽默拒绝表白,给对方留足情面	144
用幽默缓解爱情中的摩擦	147

第六章 家庭篇：幽默让家庭充满温馨和笑语

一个家庭，至少需要一个幽默的人　　152

好老公的标准之一是具有幽默感　　156

幽默的婚姻生活，是最为优质的生活　　160

笑对婚姻矛盾，用幽默赢得幸福　　164

家庭教育更需要幽默　　167

如何与孩子幽默地沟通　　170

面对孩子，尤其要注意巧妙运用幽默　　173

如何幽默地劝导孩子　　176

幽默的家庭更有助于孩子的成长　　179

第一章

从 0 到 1，幽默必修技

01

幽默必修——知识力

有一个很有趣的故事：古希腊著名的哲学家苏格拉底有一妻子，脾气很暴躁，有一次她洗衣服时，想让丈夫去帮忙，苏格拉底却因和朋友讨论问题没听见，妻子越骂越气，最后朝他浇了一盆脏水，真的很尴尬，但苏格拉底却大笑着对朋友说："没有什么，电闪雷鸣过后，必有大雨嘛，我们应当习以为常了。"这就是苏格拉底式的幽默，一种包含开阔的胸襟的幽默。

幽默是一个人难以掩盖的个人魅力，是社交场上最好用的钥匙，是化解尴尬的妙方，更是生活波涛中的救生缆。幽默不是毫无意义的插科打诨，更不是不分场合、不分轻重的开他人玩笑，幽默需要灵性，需要豁达的胸襟。黎·纪泊伦曾说："幽默感就是分寸感。"幽默一定要入情入理地指出别人的缺点，不能过于直接或强硬。你可以在笑声中提出自己的意见，但幽默绝不是油腔滑调，更不能嘲笑、讽刺别人。

有一个很有水准的评价，内容是这样的："浮躁难以幽默，装腔作势难以幽默，钻牛角尖难以幽默，捉襟见肘难以幽默，迟钝笨拙难以幽默，只有从容，平等待人，超脱，游刃有余，聪明透彻才能幽默。"华而不实、浮夸，就是这个意思。

那么，如何才能做到真正幽默，而不是过度的开玩笑呢？

最重要的一点就是，扩大自己的知识面很重要，将知识化为幽默，从历史名人的幽默言语中，学习幽默的技巧。松林曾说过"幽默来自智慧，恶语来自无能。"幽默和风趣是智慧的闪现，它必须建立在足够的知识储备的基础之上，丰富的阅历可以让你审时度势，知道什么时候应该幽默，什么时候不应该，也只有广博的知识作为支撑，你才有能力妙语成珠，做出恰当的比喻，引得大家会心一笑。

这就是为什么那些幽默的人往往也是最会讲故事的人，他们能在故事里穿插幽默。因此，要培养幽默感必须广泛涉猎，充实自我，学习知识，尤其要扩大自己的词汇量。切记：在学习幽默时，要拒绝庸俗不堪的幽默，靠污言秽语建立起来的幽默不能被称之为幽默。

| 幽默沟通的艺术

幽默必修——眼力

  幽默需要给他人带去欢乐，需要将自己与他人之间的纽带联结起来。所以需要有一个乐观积极的心态，只有自己从心底里学会乐观面对现实，我们才能在需要的时候体谅他人，化解尴尬，才能在自己身处窘境的时候快速调节情绪，幽默处事，自己多一些欢笑和趣味，也可以给别人带来轻松和愉悦。

  所谓弹琴看听众，"幽默"看对象。幽默语言讲出来要让别人听懂，这是对幽默语言的基本要求。幽默说话时心中要有听者，意识到自己是讲给他们听的，要通过对方的表情，面部动作来察觉幽默的效果。如果他们不是专家学者，就必须使用浅显、平易、朴实的幽默语言，尽量少用专业术语，更不可咬文嚼字，故作高深，否则别人不易接受。如果听者具有较高文化素养的人，幽默语言才可以稍微文雅些，让自己的谈吐适应他们的水平，当然绝不能之乎者也。

  相反，幽默语言不准确，意思表达的不清楚，就不能反应出现实面貌和思想实际，不能为听者所接受，即使有好口才，也难以说服他们。所谓规范化的幽默语言就是"统一的、普及的；

无论在他的书面形式或口头形式上，都是有明确的规范语言"，所使用的语言要么经典一些，大家理解且感受真切，要么流行一点，活用时下比较流行的词汇。特别是考虑到讲话者的特殊身份，在幽默语言上更要通俗易懂。所以，幽默说话，尤其是在大庭广众之下讲话，必须尽量用口语，以百分之百地传达自己的幽默为首要目的。

幽默语言通俗化，口语化是十分重要的，如果不用通俗的口语，会有什么后果呢？

古时候，有一个读书人上街买柴，看见一个上街卖柴的樵夫，便高声叫道："荷薪者过来！"卖柴的听见了喊声，有些犹豫地走了过来。秀才问："其价几何？"卖柴的不知道"几何"是什么意思，但听到有价字，料想对方应该是问价格，于是就说出了价格。秀才看了看，说："外实而内虚，烟多而焰少，请损之。"卖柴的彻底听不懂了，于是吓得挑起柴，跑了。一次买卖因为言语不通而以失败了。

这是一则让人发笑的讽刺性幽默。不知这位读书人是故意卖弄自己的文墨呢，还是故意刁难樵夫。但无论出于哪种目的，若将自己的语言当成了卖弄的玩具，就会使语言失去了它在沟通中的意义，就会让本来可以迅速完成的事情变得不再那么简单。

当然，幽默说话能够做到雅俗共赏是最理想的，雅俗共赏可以拥有更多听众，让更多人愿意跟你说话。但无论如何，为了接近群众和群众交流，并受其欢迎，幽默语言首要的还是通俗易懂。何况幽默的根本是为了顺利实现沟通，成功地把事情完成。所以，多从对方的角度来考虑自己的幽默方式吧。

幽默必修——趣味是幽默的支撑力

何谓幽默的支撑力？很简单，这种支撑力其实就是趣味力，幽默首先就是一种趣味的表达，失去了趣味的表达，就不能称之为幽默。

幽默这种趣味力所蕴含的机智、谐趣，它来源于对生活别出心裁的发现，同时又是一种创造谐趣的艺术，能给人们带来愉悦的精神享受。萧伯纳曾高度评价幽默的作用，他说："没有幽默感的语言是篇公文，没有幽默感的人是尊雕像，没有幽默感的家庭是间旅店，而没有幽默感的社会是不可想象的。"

一个具有丰富幽默感的人，他的生活是多面性的。他对生活用的是更高层级的眼界来看待的。他看上去好像有用不完的智慧，这些智慧表现在多方面的兴趣上，这样在生活当中，就会左右逢源，挥洒自如地处理、解决所遇到的问题。一个具有较强幽默力量的人，除了多方面的能力外，表现出来的还有充沛的活力和坚韧的意志，并且具有很大的创造力。

人们能够感受到幽默，进而激发起自己身上的幽默感。通过给予和回报，双方在内心产生了无声的和谐共振，其沟通的途径是从你移动到我，再从我移动向你。这样，谁付出的越多，得到的也就越多。

幽默的力量在于帮助我们构建良好的人际关系，解决为人处事时遇到的一些问题，也在于帮助我们建立良好的自我形象。只要我们是一个人，无论干什么，只要和别人接触，那么我们本身就是在完成一个推销自己的过程。无论用什么手段来生活，我们总得表现一番，让生活来容纳我们，让社会、让人们来接受我们。可是，我们表现得如何，需要考验我们的应对能力，是呆板、僵化还是活泼、有趣，这一点至关重要，在一定程度上可以说我们的表现对于成功与否起着决定作用。可以说，我们如何去应对这个世界，这个世界往往就以什么方式应对我们。

欣赏别人，与人同笑，这正是与人沟通的一个重要途径，而幽默正是达到这个目的的捷径。幽默能够拉近彼此，在精神上形成共鸣，还能消除彼此身份上的差异，让人感到亲切。也许你是个身居要职的官员，所以你不愿同看门老人一同笑；也许你是个博学之士，因而不欣赏智力平平的人。这实际上是你自己切断了同这个世界的联系面，你的身份、地位对人性的需要毫无用处，当然，你也就失去了本应交往、接触的社会面。

马克·吐温说："让我们努力生活，多给别人一点欢乐。这样，我们死的时候，连殡仪馆的人都会感到惋惜。"

二战中，希特勒发动闪电战，攻陷了许多欧洲国家，在最不可一世的时候，他陈列重兵在英吉利海峡，准备拿下英国。当时全国上下那种紧张的气氛可想而知，可是，首相丘吉尔沉着地说："让他们来吧，我们在等，海里的鱼也在等。"大敌当前，这种诙谐与幽默，完美地化解了全国紧张的气氛，也传达了坚决抵抗到底的决心，和必胜的信念。这对处于惶恐之中的民众，是极大的鼓舞和安慰。这远比撸胳膊挽袖子、慷慨陈词要有力得多。而且没完没了、毫无感情色彩地喊口号，往往是内心怯弱的一种表象，如同害怕走夜路的人，高声唱歌给自己壮胆一样。而不露声色地握紧双拳，随时准备给予来犯之敌以迎头痛击，才是真正的勇士。所以，越在危急时刻，幽默越能表现出一个人的自信，带给别人鼓舞。

人生的真谛在于快乐，对于能给大家带来欢乐的人，人们从来不吝惜给以优厚的回报。即使眼下没有得到回报，善于幽默的人的未来也会更加顺利，因为他们更可能获得机会。

同时，人的幽默感又是心智成熟、智能发达的标志，建立在人对生活的公正、透彻的理解之上。心智成熟的人未必幽默，但是幽默的人往往心智成熟，更能接受社会给予他的一切。建立在理解生活这种至高层次基础上的能力，就会产生出谋求更好地生活、交际的能力。

现代社会生活中，一个人的社交活动已经扩展到了无所不有的范围。从一定程度上可以说，凡是有人生活的地方，就有社交活动。同样，凡有社交活动的地方就少不了幽默和幽默力量。所以以幽默的生活态度生活会给你带来意想不到的收获。

幽默必修——掌控力

幽默需要尺度适中，这也就是幽默掌控力。一般来说，只要掌握好幽默四要素，那么也就基本具有了幽默的掌控力。

（1）制造悬念——通过某些情节的叙述、描写和交代，设置悬念，使观众听众产生关心和好奇，从而打破原有的平衡状态，造成紧张的心理状态，让别人愿意听你继续说下去。

（2）着意渲染——对已造成的悬念作多方面的铺垫和烘托，营造更良好的氛围，为最后悬念揭晓做铺垫。

（3）出现反转——在渲染的基础上笔锋一转，突然出现意外的下文，打断观众正在设想的合理的预想，使之经过思考对描述对象的真相或规律实现认识上的飞跃和转变。

（4）产生突变——悬念得以解除，好奇得到满足，紧张转化为和缓，局势迅速向反面转化。突变和前三个环节不同，它并不以语言、文字或其他有形的形式出现，而仅存于艺术家和观赏者的意识之中。

只要做好这四个步骤，观众或听众往往都能在精神上得到满足。

在相声里面讲究的是三翻四抖。就和咱们上面说的有异曲同工之妙。前面的三翻都是起着"制造悬念、着意渲染"的作用。一抖则是出现反转,导致意识产生了突变。下面,用一个相声里的例子为大家说明:

甲:您是一位老演员喽!(一翻)

乙:嗯。

甲:老专家。(二翻)

乙:不够。

甲:老艺术工作者。(三翻)

乙:不敢当。

甲:老油条喽!(抖)

乙:啊!

前面都在制造悬念、着意渲染。看起来好像是在恭维对方,结果一抖"老油条喽",含义就出现了反转,从恭维变成了调侃、开玩笑了。通过反差和幽默的结尾形成笑料。这是一个标准的幽默笑话的流程,但是其实很多的效果,利用的、打破的都是我们的生活习惯、利用大家的思维定式,来完成了其中的一个或几个环节。所以结构会比较简单,而效果往往也不错。

1.岔断法

岔断法是很常见的一种交流方式。按照胡范铸先生的书里介绍,它的特点是:语言及事情的逻辑发展突然中断,心里预期猛地扑空,随之又滑到一个非预期,然而又非毫不相干的终点,造成一种"恍然大悟"式的笑。在飞机上,空姐用悦耳动听的声音对旅客说道:"把烟灭掉,把安全带系好。"所有旅客的照做了,过了5分钟,空姐用比前次还美好的声音又说道:"再把安全带系紧一点吧，我们飞机上忘了带食物。"虽然是一次失误，但是却能稍微化解一点尴尬，让人印象深刻。

说话大喘气也是类似的原理。人为的进行断句，造成意思发生很大的变化。

2.曲解法

将本来不相干的事情巧妙地引入到原先叙述的事物中来，从而得出新的认识，体验和结论，造成幽默。

从纯语言的角度来看，他跟逻辑学的下定义有点像，像词典里解释某个词的含义一样，精确而清楚。但是它的内容并非是对某个概念、某个词语的内涵、外延的精确说明，而是根据语言表达的需要，假借谐音、多义等语言因素，故意对词语做出不正确的解释。这种有意为之会让词语生出全新的含义和解释。在它的动态表现中，通常都有心理期待突然扑空的因素。也有的是违背常理的因素。

幽默的本质，也是喜悦的本质，都是意外加满足。巧妙地设置意外，完美地实现满足。能够做到这两点，你就一定可以成为一个幽默的人了。

| 幽默沟通的艺术

幽默必修——逻辑力

　　2010年10月5日，美国总统奥巴马在华盛顿出席由美国《财富》杂志主办的全球最有权势女性峰会，并发表演讲。正当奥巴马全神贯注于自己的演讲之时，只听"砰"的一响，他演讲台前的美国总统徽章突然掉落地面，这一意外令奥巴马和听众猝不及防，现场一片尴尬。所有人都在等待奥巴马总统如何化解这场尴尬，只见他连忙俯身察看，在弄清事情的原委之后，奥巴马马上微笑着说道："哦，那不要紧，反正你们所有人都知道我是谁。"奥巴马的随机应变引得台下听众捧腹大笑，他接着说道："但我肯定现在在后台的某个人已经开始坐立不安了，他一定是在浑身冒汗，你们觉得呢？"奥巴马当然指的是那个负责把美国总统徽章固定在演讲台正面的工作人员。一番幽默的话语，再次引得现场大笑不已。所有人都为奥巴马的机智和幽默叹服不已。

　　由此可见，一句带点幽默色彩的话可以轻易化解尴尬，让紧张氛围中积聚的压力得到排遣。下面，就让我们系统地讲解一下幽默在冷场时的作用。

　　有一次，郭德纲采访协和著名的急诊室女大夫于莺，他了解到这个女大夫有192万的微博粉丝。郭德纲就问她："那么多的医生写微博，为什么你就红了呢？"这个女大夫说："大家都说我长得像您。"她的这句话其实是巧妙地吹捧了郭德纲，她说自己长得像郭德纲，具备幽默感，所以才红的。郭德纲就回答说："那应该大红才对。"他的逻辑就是，如果你是因为长得像我才红的，那你应该比现在更红才对。

把话接下去的第二种技巧是yes和because。意思就是"正是如此，因为……"，跟what if一样，需要先接受一个假定的设定，进入到这种设定之后，再给出一个理由，说为什么这样。前后有逻辑关系，但又形成反差，进而产生出幽默。

2013年，奥巴马访问以色列，对大学生发表演讲，突然有名学生大声抗议闹场，安全人员随即将其架离会场。奥巴马说："事实上，这是我们事先安排的，这样才让我感觉像在美国一样。"哄堂大笑当中，他又补充了一句："如果没有人闹场，我会觉得怪怪的。"在公众场合被抗议，其实是很尴尬的事情，大部分人短时间内都难找到好的应对方式，一般情况都选择回避这个尴尬局面，但是奥巴马很机智地说这是事先安排的，这样让他感觉像在自己的国家一样，因为他在美国经常被抗议，奥巴马在这儿还自黑了一把。让观众感到亲切。

刚才这个例子是一个非常好的yes，because的例子，奥巴马先是产生了一个假定，说是事先安排好的，然后他给出了一个埋由，为什么要安排这件事情。通过这种方式产生幽默感，进而化解场上的尴尬。

接下来，我们来看应对尴尬局面的第二种方法，叫做逻辑置换。这个方法下面有很多技巧，这里我说最好用的三种。

逻辑置换法的第一个技巧是文字梗，文字梗也叫谐音梗，是通过同音字，产生歧义，产生幽默的效果。

举个例子：一个顾客肚子非常饿，去了一个日餐馆，发现只有鳗鱼饭。他就很愤怒地质问厨师长："为什么只有鳗鱼饭？"厨师长微微一笑说："因为快鱼都游走了呀。"这里，他并没有正面回答说饭店不提供其他饭的这件事情，而是用"慢"的谐音把这个问题滑过去了。一次质问通过谐音就变成了一次笑料。文字梗为什么能化解尴尬呢？因为它答非所问，转换了话题，阻断了原来的逻辑。

逻辑置换法的第二个技巧是，把你有问题变成对方有问题，形成一种原告变被告，被告变原告的感觉。

比如说，在公众演说中，有人向你提出挑衅的问题，故意刁难你，如果你不想正面回答或者不想认真回答，你就指出对方的一个问题，对方的问题可能是你伪造出来的，但你的目的是把问题抛回给提问者或者质问者，你就巧妙地把这种尴尬局面给破了。

有一次录制节目的时候，郭德纲一上台，底下观众就大喊"老郭你胖了。"他轻松地说："你家电视该换了。"其实这是一种非常好用而简单的技巧，人们在生活当中也大量在使用这个技巧，比如一个男生被女朋友埋怨："你怎么天天加班忽略我？"男生会说："不然你看好的包，怎么给你买呢？"

说完了逻辑置换的第二种技巧，来看第三种技巧，也就是引入同一场景里的第二种逻辑。

举个例子：一家人去看演出，看台的位置在二楼，这家人的小朋友非常淘气地趴在栏杆上面，工作人员善意地过去劝阻说："家长请好好看着孩子，小朋友掉下去就不好了，下面是贵宾席，还得补票。"原本普普通通的规劝，变成了幽默的好言提醒。这就是你在原来的逻辑之外，引入了第二种逻辑，使得说话的内容多了点幽默元素。原来的逻辑是孩子掉下去有生命危险，第二种逻辑是孩子掉下去会很花钱。这个技巧有两点需要注意：首先，同一场景中一定包含两组或者两组以上的概念，比如说剧院有楼上、楼下，还有普通席、贵宾席；其次，找到两组不同的概念之后，把两者加以联系就可以。这个联系的思路一般是两者有什么相同，或者两者有什么不同。这种幽默需要比较强的逻辑思维能力，经常练习方可掌握。

当然，临场化解尴尬的幽默，需要强大的自信心和临场反应能力，这个并非一朝一夕就能做到，需要长期的努力，所以想要表演一场完美的演讲，你需要一个更加强大的自己。

许多热门的TED视频演讲人也有一个显著的共同特点，那就是他们说话很有感染力。幽默可以增强演讲人的感染能力。怎样才能成为一个演讲具有感染力的人？

我们的主题是幽默，我们当然也会讲到这一点，但是演讲是一件很系统的事情，除了幽默其他几点也要注意。下面就让我们来具体看一看吧。

在人际交往中，人与人之间，难免会发生摩擦，总会遇到一些令人难堪或尴尬的场面。如何避免或化解这些摩擦，如何巧妙地应对尴尬的局面，就十分考验一个人的应对能力。此时，有些人极易生气和激动，选择采用"针锋相对"的方式来应对；有的人则恶语相加、讽刺打击；有的人则茫然无措。实际上，如果我们能活用幽默的语言技巧，便能轻松地"化干戈为玉帛"，处理好这些不是很致命的尴尬场面。因为幽默的语言可以使我们内心

| 幽默沟通的艺术

的紧张和重压释放出来,化作轻松一笑。让压力飘到九霄云外。

因此,在沟通中,幽默如同润滑剂,可有效地降低人与人之间的"摩擦系数",化解冲突和矛盾,并能使我们从容地摆脱沟通中可能遇到的困境。这是非常强大的力量,甚至能让我们更自信,更有勇气面对多变的未来。

有一次,一位女士怒气冲冲地走进食品商店,向营业员喝道:"我叫我儿子在你们这儿称的果酱,为什么缺斤少两?"

营业员先是一愣,随即很有礼貌地回答:"请你回去称称孩子,看他是否长重了"这位妈妈转念一想立刻恍然大悟,脸上怒气全消,心平气和而又不好意思地对营业员说:"噢,对不起,误会了。"

这里,营业员小姐是聪明的,她很肯定自己不会称错,问题绝对不在自己身上,那么很显然,问题便出现在这个孩子身上,也就是说小孩把果酱偷吃了。此时此刻,如果直接说出来可能会造成不好的结果,比如说"我不会搞错的,肯定是你儿子偷吃了",或者"你不找自己儿子的麻烦,倒问我称错没有,真是莫名其妙",这就非但不能平息顾客的怒气,反而会引发一场更大的争论。营业员用幽默委婉的语气指出妇女所忽视的问题,既维护了商店的信誉,又避免了一场争吵,赢得顾客的好评。这就是幽默的魔力,既能解决问题,又能巧妙地化解尴尬。

还有个例子是关于萧伯纳的。一天,英国知名的文学家萧伯纳在街上散步,走着走着,突然被一个骑自行车的冒失鬼撞倒在地上,幸好没有受伤,只是虚惊一场。骑车的人急忙扶起他,连连道歉,可是萧伯纳却惋惜地说:"先生,你的运气真不好,要是把我撞死了,你就可以名扬四海啦!"

一场肇事事件被萧伯纳用自己的友爱、宽容和幽默完美化解了,他用一句妙语把他和肇事者双方从不愉快的、紧张的窘境中解放出来,使这一事故得到了友好的处理。也让萧伯纳获得了美名。

可见,幽默的语言往往给人以诙谐的情趣,使人在笑意中有所领悟。幽默是缓解紧张、去除畏惧、平息愤怒的最好方法。也是扭转局面、出其不意的制胜之策。

有一个人非常有幽默感。有一天他开车,在一个狭窄的小巷与另一辆轿车相遇。两辆车都停了下来,但谁也未先给对方让路。不一会儿,对面车的司机竟拿出一本厚厚的小说看了起来,还悠哉地哼着流行歌曲。此人见状,从车窗探出头高声喊道:"喂,老兄,看完后借我看看啊!"就这一句幽默的话,逗得看书的司机哈哈大笑,主动倒车让路。尴尬的局面在一句幽默的玩笑中扭转了局面。后来让车的司机主动提出交个朋友,就这样两个交换了名片,联系时间久了便成了好朋友。

幽默不但化解了矛盾,而且让两个人成了朋友,皆大欢喜。

而在现实的人际交往中,当矛盾发生时,那些缺少幽默感的人才会把事情弄得越来越僵,把问题搞得更加不可调和,而幽默者却能使一切变得轻松而自然,即使再难堪的局面都有化解的可能。有一个故事谈到,当发现餐厅侍者送上来的一杯啤酒里有只苍蝇时,不同国家的人作出的反应往往是不同的:

英国人以绅士的风度吩咐侍者换一杯啤酒来!

日本人令侍者去叫餐厅经理来训斥一番:"你们就是这样做生意的吗?你们对待客人有严谨的态度吗?"

沙特阿拉伯人则会把侍者叫来,把啤酒递给他,然后说:

"我请你喝。"

美国人说:"以后请把啤酒和苍蝇分开放,让喜欢苍蝇的客人自己混合,你看怎么样?"

当然,这只是一个虚构的故事,但却形象地反映了美国人在对待社交矛盾上的一种态度,他们更善于利用幽默解决问题。效果也往往是最好的。的确,幽默是人际交往的润滑剂,一句幽默语言能使双方在笑声中相互谅解和愉悦。

作家冯骥才在美国访问时,一位美国朋友带着儿子去看他。他们谈话间,那位壮得像牛犊的孩子爬上冯骥才的床,站在上面拼命蹦跳。如果直截了当地请他下来,势必会使其父产生歉意,也显得自己不够热情。于是,冯骥才便说了一句幽默的话:"请你的儿子回到地球上来吧!"那位朋友说:"好,我和他商量商量。"结果既达到了目的又显得风趣。问题也迎刃而解了。

幽默在人际交往中能发挥出不可限量的作用,它可以使人际关系变得宽松、和谐,富有情趣,情感饱满,让人们在一种轻松愉快的气氛中完成社交活动。假如你是个幽默的人,假如你善于巧用幽默化解人际间的矛盾冲突,使双方摆脱窘困,那么,你的言谈举止就能够吸引别人,以至从心理上控制他,从而也为自己的交际铺平了道路。

当然,这个世界的任何事情都存在一个尺度的问题,做任何事情、说任何话都有一个"度",幽默也是如此。不仅包括场地、对象,连氛围也要注意,不少人有过这样的体会:同一个玩笑,你可以同甲开,却不能对乙也这样;或是在某场合可以说,而在其他场合却不行。尤其是对于初识的人或长辈,幽默一定要慎用,否则很容易让人感到似乎是一种突然到来的亲切或唐突,或者会认为是在卖弄聪明与笑料。幽默是为了拉近彼此的关系，让陌生的关系变得亲切、熟悉，如果幽默会让关系变遭，那就不要说。否则，幽默过了头，或者用得不恰当，就会变成一种取笑和讥讽，那就糟了。

幽默的人应具有豁达的胸怀，广博的学识，机敏的应变和良好的修养。只有做到这些，才能运用自如。幽默不仅使他人乐于接受，也使自己身心愉悦，获益匪浅。

| 幽默沟通的艺术

幽默必修——创新力

　　如果每个人的幽默都是如出一辙，如果幽默的语言中失去了自己的特色，那么幽默也将不再是令人心动与发笑的语言。幽默是智慧的产物，那么幽默就应该追随智慧的步伐，不断实现在创造中的进化。也就是说，幽默要随着时间和环境做出调整，不能死板，要在一个环境中，实现幽默的最大化。因此，幽默在心理学中讲需要创造力，只有勇于观察生活、乐于联想自己的思维，方能不断打造出属于自己的幽默语言。从现在生活中采撷出人们喜爱的语言，经过思考与加工后变成自己的语言风格。

　　所谓幽默的创造力，就是成就"无中生有"的唯一，就是让心理得到一种自由的释放。它需要灵感，需要思考，需要与时俱进。

　　创造性，是每一个人生来就具有的一种天赋，而创造力却并不会属于大多数人，这是因为大多数的人缺少了激发创造性的能力培养，即缺乏了对潜能的激发。

　　所以，并不是只有发挥出了创造才能的人才具有创造性，创造性也是需要我们认真培养的，只有我们认真思考、仔细研磨、技巧性的开发，创造性才会增强，幽默才会增强。其实，人人都可以成为创意大师，只是有的人们虽然拥有创造性，却并没有迸发出创造的能力。

　　创造力作为智力的一种重要表现形式，主要通过一个人的思维和语言来变化，思维敏捷才能表达准确。创造力是人在认知过程中形成的一种敢于打破常规的心理特征，它是一种敢于运用新思维，发现和创造新事物的能力。如果你仔细思考，就会发现创造力和幽默的特点不谋而合，都是突破常规的东西。创造力不同于创造性，因为创造力是一种要求层次很高的心理品质，它要求人们在创造性思维的指导下，在体力和智力高度紧张的情况下，全心进行的一系列连续并复杂的高水平的心理活动。创造力是发展的根源，是前进的动力。无论是社会的文明，还是历史的发展，都离不开创造力的推动。

幽默必修——技巧力

幽默的必修技能之一，当然就是幽默技巧本身的运用。

咬住话尾，胡说八道（接话瓣儿）

第一个技巧就是：咬住话尾，胡说八道。这个技巧很实用，学会这个技巧，任何时候都可以幽默，只要对方有讲话。什么是咬住话尾呢？也就是俗称的"接话瓣儿"，反正河南话这么叫，我不知道普通话怎么说。

接话瓣儿就是别人说了一句话，你在别人说的这句话基础上再做发挥，通常是曲解、夸张、引申、演绎等。很多小孩子都有这个幽默天赋，因为很多孩子对事物的理解并不充分，所以更容易在这方面发挥出幽默效果。比如老师在上面讲课，小学生会在老师讲的每句话间隙插科打诨。

老师说："这个星期天在家别光顾着玩，要好好写作业……"

捣蛋鬼："也别光顾着写作业，玩也是很重要滴。"

老师说："期末考试快到了……"

捣蛋鬼："期末开始到了，暑假还会远吗？"

假投降

假投降的意思就是先抑后扬，在对方的语言对你形成压制的时候，你先让步妥协，让对方占上风，然后再伺机反击。

假投降有时候也是假承认。

通常具有"好啊，……，不过，……"的结构。

举个《笑傲江湖》里的例子，

青城派弟子威胁令狐冲，让他道歉，因为他打了青城派的人，还把踢人屁股说成"屁股向后平沙落雁式。"

令狐冲当时说："好啊，我可以道歉……不过你得先教我贵派那招屁股向后平沙落雁式"。

再举个假承认的例子：

女孩电话里问："你是不是在泡妞啊？"

我说："是啊，硬要这么说好像是的，我正在游泳池里泡着，旁边好多妞儿啊！"

踩边线

踩边线也是一种很典型的幽默技巧，主要结构为"制造、积累、放大、释放"。

下面我们来看一下具体步骤：

（1）制造一个误解；

（2）引导对方深入误解；

（3）抖包袱，揭露对方误解，并开玩笑谴责对方。

各种荤谜素猜都是这个类型的搞笑：

比如问女孩："什么东西世界上最硬，女孩最喜欢，特别是结了婚的女人爱死了？"

在女孩浮想联翩的时候告诉她:"就是钻石啊!你想哪儿去了。"

重复

重复是一种常见的幽默技巧,很简单也很有效,十分适合大家学习。

姜昆、唐杰忠和大山有一个相声,相声名字叫做《一百二十八条腿》。相声里,每个人都要讲一个故事,故事里边提到的东西都要有四条腿,比如桌子、椅子这些。其中有一段,大山在讲故事,姜昆和唐杰忠就不停在旁边用一种傻傻的声音数有多少条腿,大山说一个东西,他们就说一句:"四条腿……"大山讲一句话,这边一声"四条腿";就这样一直"四条腿,四条腿,四条腿,四条腿……"很有喜剧效果。

运用重复进行幽默的时候,要选择好重复对象,重复的时候可以重复任何关键词,好多时候还可以重复对方讲过的某句话。比如一个女孩曾经说过:"我很欣赏你!"再和她聊天的时候,我就经常冒出来一句:"我好欣赏你啊!"比如她说:"你知道那是什么花吗?那是木棉……"我说:"哦,原来是木棉啊,这你都知道,我好欣赏你啊!"她说:"你不要这么虚伪好不好?"我说:"你竟然能看出来我是虚伪,我好欣赏你啊!"……

假否认

这个技巧与假承认类似,就像照镜子一样,但用法相反,也就是在对方对你发出一个指责或质问的时候,先假装否认,然后重新承认，制造出幽默的效果。

其实任何一个问题，有两种回答方式，都能制造幽默，一种是先承认后否认，一种是先否认后承认。只要运用得当，两种方式都是可行的。

假附和

当对方讲的内容你不同意，不要说反对的话，先假装附和对方，让对方精神上放松，然后再引申、夸大、归谬。

比如女孩说："我最讨厌男人抽烟了。"你说："就是……抽烟应该是女人的爱好。"

女孩说："我很准时吧！"你说："嗯……每次都超准时，迟到从不超过一个小时。"

女孩说："我的新发型漂亮吗？"你说："漂亮！……咦？你刚才说什么漂亮？"

这种假附和的方式与先肯定后否定的方式类似，都是通过反转形成幽默效果。

反转语序

把对方语序颠倒过来，依然构成合法的句子，往往制造意外和幽默。

例如，我把太阳眼镜给女孩戴，然后赞美很好看。女孩说："我的脸型，什么太阳眼镜戴上都好看。"我说："我的太阳眼镜，什么脸型戴上都好看。"

女孩说："我不喜欢那个酒吧。"我说："嗯，那个酒吧也不喜欢你。"

女孩说:"每次看到你,你都在这个酒吧。"我说:"你错了,是我每次在这个酒吧,都会看到你。"

这种语序反转,往往会有一点挖苦的意味,进而形成幽默效果。

抢台词

抢台词就是把女孩想说的话说出来。有些时候是抢在女孩开口之前就讲,有些时候是重复女孩讲过的话,或者重复女孩的口头禅。女孩还没开口,你就把她想说的话说了,会让她感觉意外,也能制造幽默效果。抢台词时候,模仿女孩的语调和表情,能强化搞笑效果。

例如,大部分人都有口头禅,有些女孩儿的口头禅很简单,像"好讨厌"之类的。你可以在和女孩说话的时候,在各种场合不断重复这个口头禅:"好讨厌下雨天。""好讨厌过马路。""好讨厌去吃饭。""好讨厌吃湖南菜。""好讨厌你老说好讨厌。"……

大家都喜欢幽默的人,掌握好以上幽默技巧,努力成为一个幽默的人,这会让你受益无穷。

幽默必修——语言力

法国哲学家卢梭认为:"在一切使人喜悦的艺术中,说话的艺术占第一位,只有通过它才能使被习惯钝化的感官获得新的乐趣。"而幽默的说话方式,能够让气氛变得更融洽,更容易打动人心,让交谈的氛围更轻松积极,这就是幽默语言的力量。那么如何用幽默语言来打动人心呢?下面的这些幽默方法可供参考:

1.词汇"混搭",打破语言逻辑

词汇混搭,是最常见的语言幽默法,只要你不拘泥于文字搭配的条条框框,就可以独具匠心地创造属于自己的幽默。当你掌握幽默的核心,幽默自然就信手拈来,不在拘泥于形式了。韩复榘在民国期间曾任山东省主席,在齐鲁大学曾做过如下一番演讲:

诸位、各位、在齐位:今天是什么天气,今天就是演讲的天气。来宾十分茂盛,敝人也实在感冒。今天来的人不少咧,看样子大体有8/5啦,来到的不说,没来的把手举起来!很好,都来了!

今天兄弟我召集大家来训一训,兄弟有说得不对的,大家应该给予原谅。毕竟人非圣贤,孰能无过。你们是文化人,都是大学生、中学生、留洋生。你们这些乌合之众是科学科的,化学化的,都懂得七八国英文,兄弟我是大老粗,连中国的英文都不懂。你们大家都是笔杆子里爬出来的,我是炮筒子里钻出来的。今天来这里讲话,真使我蓬荜生辉、感恩戴德。其实,我没有资格给你们讲话,讲起来嘛,就像对牛弹琴,也可以说是鹤立鸡群了……

2.一语双关,让人回味无穷

双关的用法在幽默体系中是很常见的,因为双关词语需要听者反应一下,正是这一瞬间的停顿,才更能激发出幽默的效果。通常情况下,语言概念不能朦胧模糊,或者任意偷换,否则语意表达不明,与人的交流就无法深入下去。但是,一语双关式的幽默可以例外。

所谓一语双关式的幽默,是指在一定的语言环境中,利用语言的同义、谐意关系或能容纳不同内涵的概念,使你组织起来的语句,有意识地具有双重意义,而且,另一层意思要荒诞、诙谐,与原本的概念形成反差效果。简言之,就是"话中有话"。这种幽默方法含蓄委婉,生动活泼,风趣诙谐,能给人以意外之感,又能让人回味无穷。

举个例子,有个不太熟悉的人向你借钱,并要求你替他保密,而你并不想借钱给他,这种时候,应该怎样拒绝他的请求?一般人的方法当然是直接回绝,但这样做或许有些不妥,你倒不如故作神秘地对他说:"你放心,我一定替你保密,这事儿我就当没听见一样。"这里的"就当没听见",不仅指对方的保密要求,也暗含了对方借钱的要求。既然没听见借钱的要求,自然也不会借钱给他。这样幽默地拒绝,对方自然不好意思再借钱了。

3.妙用夸张，吹出来的幽默

夸张是一种常见的修辞手法，指为了启发听者或读者的想象力和加强所说的话的力量，用夸大的词语来形容事物。将想要表达的内容夸大至数倍展示给对方，达到幽默的效果。英国作家济斯塔东是个胖子，他曾风趣地说："我比别人亲切三倍，因为我要是在公交车上让座，可以一下坐三个人。"在这里，济斯塔东就成功地运用了夸张手法，而且夸张到有些荒谬的程度。但是，就因为这种荒谬夸张本身包含了不协调，所以反而产生出强烈的幽默效果。

美国现实主义文学大师马克·吐温一次乘车外出，火车开得很慢，漫长的旅途让人等得有些焦躁。当查票员过来查票时，马克·吐温递给他一张儿童票。查票员见他钻空子，买儿童票乘车，便故意嘲讽道："我还真没看出你还是个孩子呢！"

马克·吐温不温不火地回答："当然，我现在已经不是孩子了。不过，这是因为你们火车开得太慢，我买票上车的时候还真是个孩子哩！"

在运用夸张的幽默手法的时候，需要注意的是夸张的要恰当，否则幽默就变成尴尬了。

4.正话反说，耐人寻味

有这样一则宣传戒烟的公益广告：

吸烟节省布料，因为吸烟易患肺痨，导致驼背、身体萎缩，所以做衣服就不用那么多布料；吸烟可以防贼，因为抽烟的人常患气管炎，通宵咳嗽不止，贼会以为主人未睡，便不敢行窃；吸烟可防蚊虫，浓烈的烟雾熏得蚊虫受不了，只得远远地避开；吸

029

烟永葆青春，因为吸烟者不等年老便可去世。

　　这是一则很经典的公益广告。表面上是在阐述吸烟的好处，实际上却是在说吸烟的害处。这就是一种正话反说式的幽默，通过反差来表达中心思想。不仅令人发笑，还传达了非常深刻的意义，引人深思。

　　幽默的手法还非常之多，比如巧妙比喻、使用歇后语、偷换概念、故意曲解等等。掌握幽默的说服技巧，相信你一定可以在谈判中大放异彩。

幽默必修——微笑力

微笑是简单的，但微笑可以吸引许多羡慕的目光。一张微笑的脸可以告诉人们，你是一个外向的和聪明的人，值得去了解。在微笑中活用幽默，在幽默中活用微笑，你的人生将无往不利。

"当人有一个大大的微笑，这表明他愿意开放和暴露自己的一部分。"如果长期保持微笑，对你的健康有好处，能更多的感知自己的工作，社会生活时刻处于浪漫的状态。这为幽默提供了良好的沃土。

在人际交往中，幽默风趣的语言使气氛和谐融洽，使人忍俊不禁、捧腹不止，拥有一个愉快的心情。幽默的语言让我们走得更近，关系一下就被拉拢了。事业上，或许就是几句幽默的语言就让我化险为夷，步步高升。生活中，我们总说生活好平淡，其实，多一点幽默感，生活也就没你想的那么无趣了，就在于我们要让自己成为一个有幽默，能制造幽默的人。而微笑同样能使谈话的双方拉近彼此的关系。在沟通中活用幽默和微笑，交叉使用或者结合使用都会有不错的效果。我想生活中的每个人都应当学会幽默和微笑。多一点幽默感，多一份快乐，多一份微笑，少了一点气急败坏，少了一点偏执极端。

当你心情差时，眼睛周围的肌肉不会被迫寻找快乐，你只有主动去微笑。当人们微笑时，他们的脸颊肌肉上升和眼睛周围的皮肤聚簇。但事实上，在某些国家，抑制的情感是一种文化，但微笑始终保持着愉悦和自信的作用。微笑不管是对于短时间的社交活动，还是对于漫长的人生来说，都有着很好的积极意义。

保罗·艾克曼博士是面部表情专家，他经常安排自己脸上的肌肉做动作来表达各种情绪。使他吃惊的是，他发现当自己模仿微笑的表情时（抬起脸，张开的嘴唇，放声大笑），他就会感到幸福。无论是幽默产生微笑，还是主动微笑，对我们都是有好处的。

艾克曼和他的研究伙伴接着又继续做一个大学生人群的研究实验。研究人员测量学生的大脑活动，而学生遵循指令使他们的脸颊和嘴部周围的肌肉来做表达微笑的动作，研究最后的结论是：学生微笑不管是发自内心或故意的，他们的大脑活动中都显示他们非常高兴。

所以，让我们做一个爱笑的人吧，用微笑拯救自己，用幽默感化别人。

第二章

好的演讲，离不开幽默

02

幽默风趣才能成为真正的演讲高手

幽默是演讲中非常重要的气氛调节器,能够与听众拉近距离和营造一个轻松的环境。那么幽默演讲如何运用呢?以下是加强幽默的几点建议:

1.不要在演讲的一开始就"示弱"。在演讲中其实更加表现出你的自信,别人不是看你来示弱,是想看到你的自信和成功,进而从中获取力量和经验。永远别说像"我不是块戏剧演员的料"或"我笑话说得不好,但我会尽力而为"之类的话,这会在你开始说之前就毁了你的幽默。也会让观众丧失对你的兴趣和期待。

2.好的演讲者,从不会给读者设置更多的细节。如果你笑话里有很多不必要的细节,听众会失去兴趣的。把不必要的细节精简掉,让幽默的语言更短小精悍,意思表达也会的更清晰和准确,不能让语言冗长破坏原本的幽默氛围。如果要讲笑话,要短,太长了会破坏其幽默本身,甚至会打破整个演讲的节奏。

3.无论任何时候,请看着听众的眼睛。每看着一位听众,眼睛略微停留一会儿,扫视全场,用眼神和停顿来控制节奏,切记不要乱夸口,如果你答应给听众一个月亮,他们就会期望一个月亮。避免说"这将是你们听到的最好笑的笑话"或"让我们来听听这个笑话"之类的话，不要保证幽默，说就可以了。

4.开心一些，微笑，显出高兴的样子，你的情绪会感染听众，这样使你更容易获得笑声。同时根据观众的情绪做出适当的调整，也就是当气氛高涨的时候，如何推波助澜，如何在观众情绪低落或者沉闷的时候，用幽默来调节气氛。

5.留给听众足够的时间欣赏笑话。如果你匆忙打断笑话，那么你花了这么大劲取得的效果就会打折扣。时刻记着你的演讲是服务于听众的，说得要慢，要清楚。确保听众都能听懂你笑话的每一个字——特别是妙言之处。甚至可以用短暂的停顿，引起听众的好奇心。

6.最重要的是在讲完一个故事以后一定要引申一个观点，来提升你的演讲高度。无论你是一个多么幽默的人，都要在最后时刻点题，让演讲完整，因为你的幽默就是为了更好地表达出你的想法。

幽默的含义是有趣或可笑且意味深长。幽默是思想、学识、品质、智慧和机敏在语言中综合运用的成果。幽默语言是运用意味深长的诙谐语言抒发情感、传递信息，以引起听众的快慰和兴趣，从而感化听众、启迪听众的一种艺术手法。

用幽默为演讲开场

开场白是演讲极为重要的一环,它是引导出你演讲核心的重要桥梁。如果开场白不吸引人,甚至冗长乏味,就会让听众失去耐心,演讲的目的就失去了。所以说演讲的开场白和内容同样重要,有一个好的开始,更容易有好的结果。

幽默的演讲开场白,可根据不同的现场、不同的听众来选择相应的方式。幽默的演讲开场白,能让大家会心一笑,放松整个现场的氛围。

胡适在一次演讲时这样开头:"我今天不是来向诸君作报告的,我是来'胡说'的,因为我姓胡。"话音刚落,听众大笑。这个开场白既巧妙地介绍了自己,又体现了演讲者谦逊的修养,而且活跃了场上气氛,拉近了演讲者与听众的距离,使得演讲极为顺利地进行了下去。一石三鸟,堪称一绝。

1990年中央电视台邀请中国台湾影视艺术家凌峰先生参加春节联欢晚会。当时,许多观众并不认识他,可是他说完那妙不可言的开场白后,一下子被观众认同并受到了热烈欢迎。

他说:"在下凌峰,我和文章不同,虽然我们都获得过'金钟奖'和最佳男歌星称号,但我以长得难看而出名……一般来说，女观众对我的印象不太好，她们认为我是人比黄花瘦，脸比煤炭黑。"这一番话嬉而不谑，妙趣横生，幽默却不轻浮，令观众捧腹大笑。这段开场白给人们留下了非常坦诚、风趣幽默的良好印象，让观众顺利记住了他。不久，在"金话筒之夜"文艺晚会上，只见他满脸含笑，对观众说："很高兴又见到了你们，很不幸又见到了我。"观众报以热烈的掌声。至此，凌峰的名字就众所周知了。

如何用自嘲地方式正确的开场，是一件十分考验水平的能力，不可轻易尝试，要经过反复练习方可使用。

除了幽默的开场白，还可以辅助于行为：

有一次，陶行知先生在武汉大学演讲。他走上讲台，不慌不忙地从箱子里拿出一只大公鸡。台下的听众全愣住了，不知道陶行知到底想干什么。只见陶先生从容不迫地又掏出一把米放在桌上，然后按住公鸡的头，强迫它吃米，可是大公鸡只叫不吃，场面十分不和谐。他又掰开鸡的嘴，把米硬往鸡嘴里塞，大公鸡仍然拼命挣扎，还是不肯吃。最后陶先生轻轻地松开手，把鸡放在桌子上，自己向后退了几步，大公鸡自己就吃起米来了。

实验结束，陶先生则开始演讲："我认为，教育就跟喂鸡一样。如果先生强迫学生去学习，把知识硬灌给他，他是不情愿学的。即便学也食而不化，过不了多久，他还是会把知识还给先生的。但是如果让他自由地学习，充分发挥他的主观能动性，那效果一定会好得多！"台下一时间欢声雷动，为陶先生形象的比喻叹服，也为陶先生精彩的演讲开场白叫好。

这种演讲方式是通过一个实验或者一个小活动来讲述一个道理，使得这个道理更加形象生动，达到语言无法达到的效果。

通过以上的例子，我们来总结一下幽默演讲稿开场白主要特点。

第一、针对性。演讲是一种社会活动，是用于公众场合的宣传形式，所以演讲一定要符合观众的胃口，让观众的获得感更强。为了以思想、感情、事例和理论来晓喻听众，打动听众，"征服"群众，它必须要有现实的针对性。所谓针对性，首先是作者提出的问题是听众所关心的问题，评论和辩论要有雄辩的逻辑力量，要能为听众所接受并心悦诚服，这样，才能起到应有的社会效果，才能表达出演讲的正确性；其次是要懂得听众有不同的对象和不同的层次，而"公众场合"也有不同的类型，如专业性会议、学校、社会团体、宗教团体、各类竞赛场合，演讲时要根据不同场合和不同对象，为听众设计不同的演讲内容，这样才能让演讲更被听众所接受。

第二、可讲性。演讲的本质在于"讲"，而不在于"演"，它以"讲"为主、以"演"为辅。由于演讲要诉诸口头，拟稿时必须以易说能讲为前提。如果说，有些文章和作品主要通过阅读欣赏，领略其中意义和情味，那么，演讲稿的要求则是"上口入耳"。我们要理解听别人讲话并不是简单的事情，特别是忍耐一个小时听枯燥的演讲，所以演讲的内容要有趣，一篇好的演讲稿对演讲者来说要有话可讲，对听讲者来说应有趣好听。因此，演讲稿写成之后，作者最好能通过试讲或默念加以检查，凡是讲不顺口或听不清楚之处（如句子过长），均应修改与调整。

第三、鼓动性。演讲是一门艺术。好的演讲自有一种激发听众情绪，赢得好感的鼓动性。要做到这一点，就要依靠演讲丰富的内容，深刻的见解，独特的表达方式感染观众。如果演讲稿写

第二章　好的演讲，离不开幽默

得平淡无味，毫无新意，即使在现场"演"得再卖力，效果也不会好，甚至相反。所以，话不在多而在精，学会成为一个幽默的演讲者，你的人生将无往不利。

对我们来说，演讲的核心点是讲给观众听，演讲稿并不能独立地完成演讲任务，它只是演讲的一个文字依据，是整个演讲活动的一个组成部分。演讲主体、听众对象、特定的时空条件共同构成了演讲活动的整体。撰写演讲稿时，不能将它从整体中剥离出来，而要让演讲成为一个整体，有一种浑然天成的感觉。以上的注意事项，希望各位能认真研读，加以练习，成为一个出类拔萃的演讲高手。

幽默沟通的艺术

用幽默渲染演讲

一个资深的演讲高手必然是一个善于幽默的人，他们会在恰当的时候用幽默的故事、夸张的动作和语言来表述演讲的内容，让听众在眉飞色舞中记住这个人。有的时候，也许演讲的内容并不是很新颖，但是高超的演讲技巧依然可以让听众接受，至少会记住你。所以，无论讲什么，都不要让你的演讲太过枯燥、严肃。

演讲者在演讲中为了渲染某一种思想或者使情况发生转化而突然沉默能收到奇特的效果：或在问题谜底的窗前，故意逗留一下，让听众自己去捅破这层纸；或在提出有一定难度的问题之后，戛然而止，让听众自己去找开锁的钥匙，去寻找问题的答案；或在一番绘声绘色、慷慨激昂的讲述之后，停顿一下，让听众自己去想像；或在感情最强烈的时候，突然中断，让听众沉浸在特殊的情景，为最后的高潮渲染足够的气氛。这种艺术性的沉默，可以调整演讲的节奏，调动听众的气氛，使演讲跌宕起伏，在听众心中烙上强烈的印象。

具体说，运用演讲默语有以下作用：

1.给演讲者和听众整理思路、体会情感的时间，从而达到沟

第二章 好的演讲，离不开幽默

通同步。涉及阐述性的问题过多，沉默能给听众思维、回味的机会，演讲者也可以利用这个时间整理一下思路，涉及强力的情绪时，沉默就更自然了。这是一个以静制动的方法，因为情绪有一个发生、发展的过程，如果不给与听众这个过程，就难以有效地激起听众的情感来。也就是说沉默是为演讲者积蓄更大的力量。

美国作家、职业演讲家马克吐温有一次演讲时讲了个鬼故事，在情节进入剑拔弩张的关头，他安排了一次沉默，使人们在倾听这个鬼故事时的心态紧张到就要爆发的程度。这个令人难忘的沉默，绷紧了听众的心弦，收到了绝好的效果。

一位战斗英雄在演讲中有这样一段话："当我在医院里苏醒过来，第一件事情就是试着睁开眼睛，可是我却怎么也睁不开。后来，眼睛是睁开了，可周围漆黑一片，我喊，我哭，我总算知道了，从今以后，伴随我的只有茫茫黑夜。"演讲在这里中断了半分钟左右，听众的眼睛逐渐湿润了，继而传出女学生的抽泣声，如果这里没有停顿，产生的情感效果肯定会微弱的多。

所以我们要学会把控演讲的节奏。演讲太流利，听众就可能认为你不是在讲，而是在背，适当的运用沉默，听众会认为你也在思考，你也在激动，这样观众更会感同身受。

2.运用演讲默语有利于后面内容的展开，推动主体。演讲内容看上去，都有主次之分，在展开主要内容前，一般应该有所停顿，这样既是给听众一个心理准备，也是重要性的暗示。聚集时林肯要讲出一个重要的意思，并需要把这个内容牢牢地印在听众的心上，他总是把身体前倾，两眼直视观众，好久不说一句话。

3.运用演讲默语能体现暗示和设问的作用，沉默会加剧听众的思考，使听众的思维更活跃。当我们提出一个问题时，要求听

041

众回答，或者暗示听众思维时，适当的沉默是很必要的。失准是演讲者在机械的自问自答，就是去了设问和暗示的意义，听众刚刚就你的演讲有了一点念头，便被你打断了，他们就会认为你仅仅是在做戏。

提出设问暗示，较长的沉默还会对听众形成压力，你一定要把控好停顿的时间，时间一长，他们就会感到不安。

4.运用演讲默语，能引起听众的好奇、注意、产生悬念，因为突然地停顿是节奏的变化，而变化最容易引起关注，引发思考。

著名戏剧理论家斯坦尼斯拉夫斯基说过："如果说没有逻辑停顿的语言是文理不通的，那么没有心理停顿的语言是没有生命的。逻辑的停顿是消极的，形成舞动作用；心理停顿总是积极地、充满着内容的。逻辑停顿为理智服务，心理停顿为感情服务。"

再好吃的菜吃得多了也会无味，再好的幽默听得多了也会无趣。切记在演讲中不要重复，与演讲无关的幽默也不要生搬硬套。所以，不要在同一场演讲中将一个幽默故事讲两次以上。而且为了确保幽默的效果，不要事先告诉听众你的故事很好笑，否则听众就会产生期待，在高期待下，如果你的故事并不像你所说的那么好笑，听众就会失望，一旦出现这种情况，听众就很难回心转意。所以，你只需要认真、夸张、诙谐地讲你的故事，至于好不好笑，让听众自己去领会好了。

演讲等于现场直播，不能重来，谁都不能保证一场演讲能一帆风顺。演讲的时候如果遭遇意外，该怎么办？给点"小幽默"，你就可以hold住全场，化解危机于无形了。

演讲中常犯的五种错误，幽默来解决

很多人在学习和工作过程中都听过别人做报告，或者自己做过演讲和报告。我们很容易就能听出糟糕的报告是什么样子，它们往往冗长、无聊和难懂，但是等到自己亲自上台讲的时候，很多人还是会犯下同样的错误。这种演讲往往收不到好的效果，而且难以改变，因为演讲开始就是这个样子，好的演讲都需要通过不断地学习和打磨。专业演讲培训师南希·杜尔特曾经分享了五个演讲报告中的常见错误和解决办法。

第一个常见错误是没有投入感情。南希·杜尔特认为：只是"陈述事实"会抓不住听众的注意力，即使在商务情境下也不例外。

报告要放进感情，在呈现资料、证据和逻辑推演等部分加入情感成分，打动听众的心。让你的演讲与想要表达的东西浑然一体，仿佛聊天一般，给予听众强烈的代入感。你可以通过问自己一系列"为什么"来挖掘想法中的情感吸引力。比如，想让人付钱购买云存储服务时，可以先问"我们为什么需要云端储存？"而答案可能是"方便与异地同事分享资料"。接着再问："为什么需要做到这一点？"一步一步，最后总能找出会受到你这个想法影响的人。假设你最后的答案是"协助远方同事协调赈灾行动、拯救生命。"这就是你可以用来抓住情感的关键了。这个关键将会决定你演讲的效果。找到这个关键,就更容易找出适当的字眼和图像,来激发同理心和支持。

第二种常见错误是对PPT要求太多。如果在一份演讲PPT里放进太多内容,把所有重点都塞进来以免漏讲,最后这份PPT就会成为没有人想听的照本宣科,很无趣,还不如听众自己阅读更有效率。

第三常见错误是用老掉牙的视觉呈现方式。如果想做一份不同于听众之前看过的报告,可以先想出许多视觉概念,然后把最早想到的全部排除,这种方式可以很好地规避一些乏味无聊地内容,因为你最早想到的通常别人也会想到。比如谈到伙伴关系时就会出现握手的图片,提到夏天,往往想到的就是海边、沙滩。所以,你要为你想讲的每个概念,想出几种视觉呈现,原创的做法逐渐就会显现出来。

第四常见错误是太多专业术语。我们可能都听过有一种报告,就是听上去很厉害,但是根本听不懂。这种报告充满了专业术语。行内专家很熟悉,但外人听不懂。这种情况很容易让听众感到厌倦,效果往往也不会好,除非你的听众就是这个报告相关的专家,否则就要避免太过技术性的行内用语。报告的语言要能打动你希望得到支持的听众,有一种检测报告是否能被听懂的方法是"老年人测试":如果你家里的长辈不可能听懂这份报告,你就该修改。

最后一常见错误是超出预计时间。演讲如果讲得好,听众会觉得时光飞逝。在恰当的时候结束演讲,给人一种意犹未尽的感觉是最好的，切记不可冗长，打破演讲的氛围。听众对演讲提前结束绝不会有怨言，但演讲拖太久超过时间，他们一定会不高兴，所以，务必要严格遵守你分配到的时间。

面对刁钻问题，用风趣幽默来应对

在演讲过程中，大部分的听众还是十分友善的，他们是愿意坐下来认真听你说话的人。偶尔也会突然冒出一个名副其实的刁钻问题令你措不及防，甚至会在很长一段时间内给自己留下困扰。这种时候应该怎么办呢？

或许发问的人，并不是怀着恶意，他们可能是天生好奇，凡事喜欢刨根究底；可能是并未意识到演讲时间所剩不多，问题仍像连珠炮一样打向你；还可能是的确对演讲的问题进行过认真的思考。面对这些情况，通常有一个很好的解决方法：保持君子风度，礼貌总是对付麻烦的良药，听众更喜欢举止大方、言语谦和的演讲者。他们会自动对那个给你制造麻烦的人产生反感，与你站在一起。人们向来喜欢谦逊的人，对于傲慢的人往往不待见。

面对刁钻问题我们需要区别对待，如果听众提问的问题，并非故意刁难，而是专业性比较强的问题，那么只能提高自身的修养；如果是和演讲主题没有关系的问题，可以直接忽略。此外，还有几个妙招，可以应付刁钻问题：

第二章 好的演讲，离不开幽默

1. 棉花肚法

"这位听众看来对这个话题做过深入研究，问题问得很好。但是我们本次演讲时间很紧凑了，我已经把你的问题写在了黑板上，一会儿休息的时候，我们互相交流一下。"如果你懂这个问题，休息时间可以交流。如果不懂这个刁难的问题，不妨给自己一个私密的空间，赶紧百度一下问题答案。尽量不要在公开场合出糗，即使不懂的问题，也要从容不迫。

2. 斗转星移法

"回答需要勇气、勇气需要鼓励，这个伙伴是第一个发言的，我们掌声鼓励一下，问题也问的很好，刚好我们有3分钟时间可以讨论一下，我相信你一定非常关心和了解这方面的知识，我也想了解一下你针对这个问题，自己是不是有一些独到的见解呢？能否先给大家分享一下？"为了怕他不说，你完全可以说："来，掌声再次鼓励一下这位伙伴。"这样就把问题推给了对方，而且问题既然是对方问的，他多半是了解的，并且有自己的见解。

3. 转移法

"这位听众问题问得很独到，很有水平。刚好我们还有3分钟的时间，可以讨论一下。在我回答这个问题之前，我想先听听其他朋友宝贵的想法。我们有想主动分享的朋友吗？"如果没有听众愿意主动分享，你可以尝试邀请一些听众来分享。邀请谁来分享，我有2个小心得：

（1）在你邀请他的时候，他不躲避你的眼神，说明他有信心,也有发言的冲动,首先要选这些听众。这位听众分享故事的时候,你还可以打量一下其他人,寻找下一个目标。

(2)尽量邀请在你演讲过程中频频和你点头、有眼神互动的伙伴,这样可以有效避免再度的冷场,让演讲始终保持良性的状态。

当演讲中遇到猝不及防的发难时,你还可以有很多的解决办法。但是不论采取何种,我们都要时刻记住这三个原则:

一是别让他人难堪,无论对方的问题是否得体,你都应该尽可能的保持礼貌,礼貌有助于你的形象的确立。去尊重他尝试着去赞美他,哪怕那一刻你的内心是慌乱的。这不仅能体现你的君子气质,还能为你赢得更多思考的时间。《人,诗意地栖居》中说:最不抱希望的时刻,痛苦常是意外的宽慰。但如果我们能用智慧与宽容转化痛苦,相信你也会欣慰自己的成长。

二是不要让自己难堪遭遇听众的发难,千万不要因为惊慌失措导致发怒。演讲时你永远不要发怒,要保持冷静和克制。率先发怒的人意味着超出了底线,是失败的一方。一旦堕入愤怒的陷阱,你威猛有力的羽翼将寸步难行。在演讲前,多做练习,尽可能想象出各种各样的状况。

三是不要让你的演讲失去控制时间。一旦你遇到了棘手的问题,不妨在听完以后,设定一个回答时间,例如:我们用3分钟的时间,来共同探讨一下这个话题。将问题设置规定,其实就是为听众的提问设置障碍和限定,这十分有助于你顺利地进行演讲。此外,在你预感到现场来者不善者众多的时候(但愿你此生都不会遇到),可以给他们设置一个障碍:让发问者说出自己的姓名、公司等,这样可以减少问题的数量,因为许多人不愿冒这个泄漏个人信息的风险。这个办法尤其在一个不是很熟悉的群体中非常实用。

最后要说的是，人无笑脸莫开店、胸无度量莫为师。豁达的胸襟才是你面对大风大浪最有效的武器。演讲中，难免会遇到各种突发的情况，遇到了就勇敢面对，别丢了应有的风度。就好像如果你是天鹅蛋，就是生在养鸡场里也没有什么关系。

幽默也是需要界限的

英国的一本百科全书里定义幽默为:"凡逗笑的都是幽默。"这种说法比较简单而笼统,但有一点,学者们大都同意,那就是:幽默都出于人的智慧。

幽默是通过巧妙的设定产生出来的,那么,并非出于人的智慧的那些逗乐,就属于滑稽了。比如,早晨起床迟了,急着跑去上班,慌忙中穿错袜子,一只脚穿黑的,另一只脚穿黄的,谁见了都觉搞笑;马戏团里的小丑,鼻子特红,人看他那样子特别,也觉得有趣,这都属于滑稽。不需深思、不需用巧思想出,这是滑稽的重要特点,自然纯粹,随时随地可能偶然见到或听到。相比之下,幽默就显得复杂一些了。

滑稽的概念连小孩子都明白,是一种相对低俗的逗人发笑的行为。司马迁的《史记》里面就有一部专论滑稽的《滑稽列传》,距现在两千多年了。我们中国人早就把逗乐叫"滑稽",西方国家的人和我们的习惯不同,他们把逗乐叫"幽默"。"幽默"这两个字是90年前林语堂先生从英文音译成中文的,意思和"滑稽"一样。后来学者们发现,逗乐里面还可分为高级的和低级的两种,幽默显然是更高级一点,滑稽则通俗一点。我现在就借用"幽默"和"滑稽"这两个词来加以区别：一般偶然发生的逗乐叫"滑稽"，凭头脑别出心裁想出来逗乐的叫"幽默"。

听侯宝林说的相声《夜行记》，说到买的那辆旧自行车，"除了铃不响，剩下哪儿都响"，把人都逗乐了。高凤山表演快板，一上台喝一口水，边喝边嚼着。同伴问他："喝水你嚼什么？"他说："北京的水硬。"逗的人大笑。这样的逗乐就属于幽默了。谁都会想到，这种逗乐是出于人的智慧所创造，不是简单的滑稽可以相比的，需要细心地思考、琢磨才能找到其中的笑料。

嘲讽、讽刺与幽默也大有不同。

嘲讽和幽默都包含某种优越感，但其间的品味却有高下之分。嘲讽的优越感更强烈，嘲讽者感到优越，是因为他在别人身上发现了一种他相信自己绝不会有的弱点，于是发出幸灾乐祸的冷笑。嘲讽是一种通过挖苦别人的痛苦，来使自己快乐的做法。

幽默者感到优越，则是因为他看出了一种自己也不能幸免的人性的普遍弱点，于是发出宽容的微笑。嘲讽是较着劲的，很在乎自己的对和别人的错。幽默的前提是一种超脱的态度，能够俯视人间的一切是非，包括自己的弱点，是一种大智慧，大格局，代表着一种人生的达观。

讽刺是社会性质的，幽默是哲学性质的。讽刺人与被讽刺人站在同一水准上，挥戈相向，以伤害对手为乐。幽默却是源于精神上的巨大优势，居高临下，无意伤人，仅以内在的优越感自娱自乐。

幽默沟通的艺术

善始善终，让演讲在幽默中完美结束

"余音绕梁，三日不绝"是演讲结尾追求的最佳效果。一个演讲者能在结束时赢得笑声，不仅是自己演讲技巧十分成熟的表现，更能给本人和听众都留下愉快美好的回忆，也是演讲圆满结束的标志。恰到好处的幽默结尾，留给听众无限的遐想，这个演讲就是成功的。那么，怎样才能达到这种效果呢？

我国著名作家老舍先生是好幽默的。他在某市的一次演讲中，开头即说"我今天给大家谈六个问题"，接着，他第一、第二、第三、第四、第五，井井有条地谈下去。谈完第五个问题，他发现离散会的时间不多了，于是他提高嗓门，一本正经地说："第六，散会。"听众起初一愣，不久就欢快地鼓起掌来。也许老舍还有第六个问题没讲，也许没有，但是这种处理结尾的方式无疑是成功而恰当的。

老舍在这里运用的就是一种"平地起波澜"的造势艺术，打破了正常的演讲内容，从而出乎听众的意料，收到了幽默的效果，有一种惊艳的感觉。

1985年底，全国写作协会在深圳罗湖区举行年会。开幕式上，省、市各级有关领导逐一发言祝贺。轮到罗湖区党委书记发言时，开幕式已进行了很长时间，于是他这样说："首先，我代表罗湖区委和区政府，对各位专家学者表示热烈的欢迎。"掌声过后，稍事停顿，他又响亮地说："最后，我预祝大会圆满成功。我的话完了。"他以迅雷不及掩耳之势结束了演讲。

听众开始也是一愣，被这突如其来的结尾震住了。随后，即爆发出欢快的掌声。因为，从"首先"一下子跳到"最后"，中间省去了其次、第三、第四……这样的讲话，如天外来石，出人预料，达到了石破天惊的幽默效果，确实是风格独具，别出心裁，让人印象深刻。

某大学中文系一次毕业生茶话会，首先是系党总支书记讲话，三分钟的即兴讲话主要是向毕业生表示祝贺。然后是彭教授讲话，主题是希望同学们继续努力学习，还引用了列宁的名言。第三个讲话的潘教授朗诵了高尔基的《海燕》片断，以此勉励毕业生们学习海燕的精神。第四个讲话的系副主任希望同学们永远记住母校和老师们。演讲的气氛始终隆重而深刻。

紧接着，毕业生们欢迎王教授讲话，这本不在计划之内。在毫无准备而又难以推辞的情况下，王教授站起来，先简单地回顾了数年来与同学们交往的几个难忘片断，最后一字一顿地说："前面几位给大家提出了殷切的希望，叫我还是喜欢说他们说过的话：第一，我要祝同学们顺利毕业！第二，我希望同学们'学习、学习、再学习'。第三，我希望同学们像海燕一样不骄不躁、奋发图强，勇敢地搏击生活的风浪。第四，我希望同学们不要忘记母校，不要忘记辛勤培育你们的老师们！永远记住这个曾经培养过你们的地方。"

在这里，王教授通过对前面四个人的演讲主题的简练概括，旧瓶装新酒，不落窠臼，结束了一次机智、风趣且具有个性特点的演讲。

在延安的一次演讲会上，当演讲快结束时，毛泽东掏出一盒香烟，用手指在里面慢慢地摸，但掏了半天也不见掏出一支烟来，显然是抽光了。现场气氛有些消极，演讲不能在最后时刻出问题，于是有人立即动身去取烟。毛泽东一边讲，一边继续摸着烟盒，终于，他笑嘻嘻地掏出仅有的一支烟，夹在手指上举起来，对着大家说："最后一条！"全场的听众都被毛泽东的睿智折服了。

这个"最后一条"，毛泽东的话是最后一个问题，又是最后一支烟。一语双关，妙趣横生，全场大笑，听众们的一点疲劳和倦意也在笑声中一扫而光了。

美国诗人、文艺评论家詹姆斯·罗威尔1883年担任驻英大使时，在伦敦举行的一次晚宴上发表了一篇名为《餐后演讲》的即席演说。

演讲的过程很顺利，最后他说："我在很小的时候听人讲过一个故事，讲的是美国一个卫理公会的牧师，他在一个野营的布道会上布道，讲了约书亚的故事。这个故事是这样开头的：'信徒们，太阳的运行方式有三种：第一种是向前或者说是笔直地朝前运动；第二种是后退或者说是向后运动；第三种即在我们的经文中提到的——静止不动。以上便是太阳运动的三种方式。'

先生们，不知你们是否明白这个故事的寓意，希望你们明白了。今晚的餐后演讲者首先是径直走向前方的（起身离座，做示范）——即太阳向前的运动。然后他又返回——即太阳向后的运动。最后，凭着良好的方向感，将自己带到终点。这就是我们刚才说过的太阳静止的运动。"

这一番精彩的说辞赢得满堂喝彩，在欢笑声中，罗威尔重新入座。

这种紧扣话题的传神动作，唯妙唯肖，天衣无缝，怎能不赢得现场听众的热烈掌声和喝彩呢！

演讲的幽默式结尾方法是不胜枚举的。关键是演讲者要具有幽默感，并能在演讲中恰如其分地把握住演讲的气氛和听众的心态，才能使演讲结束语收到"余音绕梁，三日不绝"的轰动效应。

第三章

社交篇：幽默是开启社交场合的金钥匙

03

幽默是顶级社交达人的必备"武器"

曼德拉是南非第一位黑人总统,被称为"南非国父",是一位极富幽默感的政治人物。80岁的曼德拉会见拳王刘易斯的时候,他表示自己年轻时也是拳击爱好者,于是刘易斯故意指着自己的下巴让他打,他笑着做出拳击的姿势。于是旁边有人问他:"假如您年轻时与刘易斯在场上交锋,您能取胜吗?"他说:"我可不想年纪轻轻地就去送死。"此语一出,满场欢声笑语。一句简单的幽默自己的语句,展现出了曼德拉闪耀的人格魅力。

在人的精神世界里,幽默感是一道营养丰富的菜,是人际交往最好的润滑剂。幽默对自我控制、自我调整有着极大的帮助,当你在幽默的时候,你的自我感觉会变得更好。

幽默是人类独有的才能。一个幽默的人能够给朋友、给家人带来很多欢乐,赢得别人的好感,吸引别人的关注,并且在人际交往中增加个人魅力,因而备受欢迎,朋友越来越多,人际关系非常广泛。

有些人天生充满了幽默细胞,他们很小的时候就能展现出幽默方面的天赋,赢得大家的喜爱和信任。但这并不是说没有这种天生能力的人就只能一辈子刻板严肃,只能走与幽默相反的路。

其实，幽默感是可以通过训练慢慢培养出来的，跟我们上学学习知识一样，积累幽默素材，再模仿别人，形成习惯，且灵活运用，你就会慢慢掌握幽默了。

那么，如何才能掌握幽默这一社交武器呢？

第一步：积累幽默的素材

如果你不知道你可以把哪些事情幽默起来，可以大量看些漫画和笑话，从中体会幽默的感觉，久而久之，便可自己制造幽默，至少也可以运用自己看过的笑话。

第二步：模仿别人的幽默素材

保持愉快的心情，这是展示幽默感的基础，这就好比阳光洒进屋子一样，去接受各种人和事物，这些人和事物会在你的心中留下痕迹，成为幽默感的酵母。而且人在心情愉悦的状态下更容易接受新鲜事物，也更容易去展示幽默。积极地模仿电影、电视中的幽默，让自己的幽默与时俱进，保持新鲜感和活跃感。

第三步：尽可能幽默自己

幽默的内容大部分谈及到人，你可以幽默他人，也可以幽默自己，但幽默他人不好把握，有时会伤害到别人，因此能幽默自己的时候不要幽默别人。幽默自己，一方面不得罪他人，另一方面可让人了解到你是一个心胸广大、易于相处的人。

幽默是一种机智地处理复杂问题的应变能力，并不是单纯的取笑他人或取笑自己。很多情况下，幽默是用来调节尴尬局面的，它十分重要的作用之一就是成为人们社交场合的润滑剂；它是一种健康向上的品质。幽默对你心理上影响很大，它会使生活充满情趣，有幽默的地方，气氛就更加活跃。谁都喜欢与谈吐不俗、机智风趣的人交往，幽默感强的人，人际关系都不会差到哪里去。

第三章 社交篇：幽默是开启社交场合的金钥匙

幽默是最快提升个人魅力的神器

在现实社会中，社交活动已经扩展到了各个场合。在某种程度上甚至可以说，凡是有人类生活的地方，就有社交活动。正确地参与社交活动已经成为现代人拓展人际关系地必备技能。同样地，凡有社交活动的地方就少不了幽默。如果你能在社交场合中，恰当的表现出幽默，你就可以瞬间成为众人的焦点，让人眼前一亮。

卓别林被邀请参加一次社交活动，但当时现场有很多苍蝇，卓别林不停地用手驱赶围着他乱飞的苍蝇，但效果并不好，苍蝇还是围着他飞个不停。终于，忍无可忍的卓别林拿起一个苍蝇拍拍打苍蝇，可拍了半天也没拍着。最后，苍蝇停在他面前的桌子上。他举起拍子，准备狠狠地打死它。可是，他的手忽然停在空中，直直盯着那只苍蝇。

"赶紧打死它呀！"一个人急了。

"它不是刚才侵犯我的那只。"卓别林耸耸肩沮丧地说。

卓别林真不愧是幽默大师，日常生活中的一举一动，都显得与众不同，一个简简单单的拍苍蝇，都能演绎出如此精彩的幽默。按照常人的做法，一拍子拍下去，打死苍蝇，无任何可笑之处。妙就妙在，卓别林拉开架势以后突然变卦，引人发问，再说出一个似是而非、似非而是的理由，让人忍俊不禁。

从社交礼仪角度来看，幽默的运用不仅会令人产生许多温馨的感觉，还能给人留下较为深刻的印象。

有一个故事说的是一位先生去看望一位小姐，正当这位先生满心期待的时候，保姆却对他说："不好意思，我家小姐要我告诉你，她不在家。"

听到这番话，那位先生很淡然地说："没有什么。你就告诉她，我并没有来过就可以了！"

故事里这个聪明的先生就是采用了一种幽默的处理法，以善意的话语说出了自己的心情，并且对女孩避而不见的做法表达了不满。可以想象，当这位小姐听到这种客气的答话时，肯定会忍不住走出来与他见面的。

在现实社会中，每个人的人生态度都是不一样的，也正是因为彼此各不相同，这世间才如此丰富多彩。形形色色的人走在各自不同的人生道路上，形成了各自不同的人生观、价值观。应该提醒大家的是，要想潇洒地面对人生，就少不了幽默，这对任何人来说都不例外。

有人说，幽默是一种艺术，用来增进你和他人的关系，并且改善你对自己真诚评价的一种艺术。幽默是我们人生迈向成功的助推器，是我们社交时的润滑剂。在现实生活中，赞扬需要幽默，而指责更需要幽默，因为幽默能使指责传达出善意。也有人说，幽默是一种智慧，因为在特定的场合，特定的人际关系里，完美的幽默考验的是当事人的反应能力，知识储备量和语言的逻辑能力，所以幽默的人往往都是优秀的人，其逻辑关系正是如此。所以，努力成为一个幽默的人吧，在今后的人际交往中，你会受益无穷。

幽默沟通的艺术

遭遇尴尬局面，用风趣幽默来化解

众所周知，生活中的尴尬局面是难以避免的，也会遇到别人不怀好意的语言刁难与攻击指责，如果这时我们能利用一些幽默的语言，则能很快地调节气氛，摆脱窘境。适当的幽默能使激化的矛盾变得缓和，从而避免出现令人难堪的场面，化解双方的对立情绪，使问题更好地被解决。不是很严重的问题，幽默不仅能让问题化解，甚至能让彼此的关系更亲密。事实告诉我们，幽默不仅会令人发笑，让人享受愉快，而且还可以把我们从尴尬的气氛中解救出来。

我们常说："厨师难调众人口，一人难称百人心。"当有人在大庭广众之下，出言不逊给你难堪时，你该怎么办？是置之不理地沉默，是据理力争地辩解，还是暴跳如雷地驳斥？这些方法也许是对的，也许不是。英国现代杰出现实主义剧作家萧伯纳的一段轶事也许能给我们一些有益的启示。

1892年，萧伯纳完成了剧本《芭芭拉少校》的创作，这是他历时一年半的心血的结晶。这天，《芭芭拉少校》第一次在英国国家剧院隆重公演。这次公演影响力非常大，应邀到场的都是社会各界名流，连伦敦市市长也坐在第一排观看。《芭芭拉少校》

是以救世军为题材，反映了贫富不均和劳资冲突等尖锐的社会问题的讽刺喜剧。演出过程中不断被观众发自肺腑的掌声与欢呼声打断，很多观众笑出了眼泪。首演大获成功。闭幕后观众强烈要求剧作者萧伯纳上台接受他们的感谢和祝贺。盛情难却之下萧伯纳走上台来，市长代表民众向萧伯纳敬献了鲜花。很多观众上台来与萧伯纳热烈拥抱，祝贺演出成功。场面非常和谐而温馨。这时，却有一个观众跑上台来，摆出一副挑衅的神情说："萧伯纳，你不要高兴得太早了，就你这么一个糟糕透顶的破剧本，有谁愿意看啊？真是令我们大倒胃口。到此为止吧，拜托你不要再演第二场了……"

面对这突如其来的非议，在场的观众都瞪大眼睛，吃惊地看着他俩，这种尴尬的局面使得所有的观众都噤若寒蝉，也为萧伯纳捏着一把汗，他们满以为萧伯纳会气急败坏还击对方，因为对方确实太无理了。可是，人们看见萧伯纳只是瞬间怔了一下，很快就面带微笑地向那人鞠了一躬，朗声说道："这位朋友，你好！我总算找到了你这位知音啊。我对我的这个剧本的看法与你一样。可是我俩有不同的意见又有什么作用呢？"萧伯纳随即指着场上的观众说，"你看，他们都不赞成我俩的看法，这叫我俩也没办法啊。"

"这……这……这……"那人一时找不到回答的话语，涨红着脸灰溜溜地跑下了台。

一次尴尬的闹场就被萧伯纳用幽默的语言轻松化解了，现场响起了经久不息的掌声，观众们为萧伯纳机智巧妙的反驳深深折服。第二天英国著名的纸媒《星期六评论》报道这则花边新闻，其中称赞萧伯纳的反驳技巧时，用到了一个词：举重若轻。

065

萧伯纳的这则轶事启示我们：当你遇到别人不怀好意的语言刁难与攻击指责时，最行之有效的方法是：用平和的心态，欲扬先抑，举重若轻地幽他一默，巧妙地化解尴尬。

有一次，一位中国教授应美国某大学的邀请，前往该大学讲授中国文化课。讲授中，该教授对中国的悠久文化大加赞誉，一位美国女学生不服气地发问："教授，你是说什么东西都是你们中国的好，难道我们美国没有一样东西比得上中国的吗？"这是一个不好回答的问题，如果教授为了照顾听众的情绪而反过来赞扬美国，就不利于之后的主题；如果他严肃地表示美国不如中国，则马上会引起在座美国学生的敌意。毕竟在别人家里讲述别人家的不好不太合适。

中国教授于是轻松地回答："有的，你们美国的抽水马桶就比中国的好嘛。"

有时，我们在与人交谈时会遇到一些意外情况，比如对方提出反对的观点，更甚者是对方蓄意捣乱，影响你的发言。当我们遇到这种情况时，千万不能生气发怒或粗鲁还击，这会使我们的人际关系受到莫大的影响，而且也不利于问题的解决。其实解决问题最好的方式是解决提出问题的人，让他赞同你，你就没有问题了。口才高超的人，总是能以幽默的方式，沉着机智地应付各种意外发生，并将自己从劣势中转换到有利的一方。

加拿大的一位外交官斯却特·朗宁生于中国湖北的襄樊，是喝中国奶妈的乳汁长大的。他回国后，在30岁时竞选省议员，当时反对派多次诽谤、诋毁他说："你是喝中国人的奶长大的，你身上一定有中国人的血统。"面对这种突如其来的人身攻击，朗宁没有发怒，而是沉着地回击道："据权威人士透露，你们是喝牛奶长大的,你们身上一定有奶牛的血统。"

这真是绝妙的反击,同时又展示了朗宁的机智,最终他赢得了竞选。

人的幽默感是心智成熟、智力发达的标志,是建立在人对生活的公正、透彻的理解之上的。理解生活是高层次的能力,在此基础上,才能发挥更好的口才。

有一次,一场京剧演出结束后,有一位京剧丑角演员在后台休息,一个很傲慢的富人走到他身边,讥讽地问道:"丑角先生,观众对你非常喜欢吧?"

"还好。"这名演员不解其意。

"要想在马戏班中受到欢迎,丑角是不是就必须具有一张看起来愚蠢而又丑陋的脸蛋呢?"

"确实如此,"丑角演员说,"如果我能有一张像先生您那样的脸蛋的话,我准能拿到双倍的薪水。"这名演员机智地反驳道。

傲慢的富人本想借此为难一下丑角演员,没想到却反受到他巧妙而机智的还击,一时间羞愧难当。

遇到尴尬的时候,幽默是一层伪装,根本目的始终是化解或者反击。但是如果能够掌握幽默,就能够更完美的化解尴尬,也能够更不得罪人而进行反击,这就是用幽默来处理尴尬事件的魅力所在。

| 幽默沟通的艺术

学会幽默的拒绝，能为自己留余地

　　任何人都有得到别人理解与帮助的需要，任何人也都常常会收到来自别人的请求和期望，可是，在现实生活中，谁也无法做到有求必应，因为不懂得拒绝的人迟早会把自己累死。所以，掌握好幽默拒绝的分寸和技巧就显得很有必要。幽默的拒绝会让你活得更轻松，也更自信。

　　拒绝别人的请求是很麻烦的事，既要拒绝这件事，还要让对方顺理成章地接受。在拒绝自己没有能力办到的事时，最好让对方认识到他要求的荒谬性，幽默显然是最好的拒绝方法。

　　甘罗的爷爷是秦朝的宰相。有一天，秦王提出要吃公鸡下的蛋，命令满朝文武想办法去找，要是三天内找不到，大家都得受罚。甘罗见爷爷急坏了，想了个主意。

　　第二天早上，甘罗替爷爷上朝了。他不慌不忙地走进宫殿，向秦王施礼。

　　秦王很不高兴，说："小娃娃到这里捣什么乱！你爷爷呢？他为什么不来上朝？"

　　甘罗说："我爷爷正在家生孩子呢，托我替他上朝来了。"

　　秦王听了哈哈大笑："你这孩子，怎么胡言乱语！男人家哪能生孩子？"

甘罗说："既然大王知道男人不能生孩子，那公鸡怎么能下蛋呢？"

这一席话让秦王哑口无言，就这样，甘罗得体地拒绝了秦王，让秦王不得不放弃自己的无理要求。

办事都要讲原则，不符合原则的事坚决不能办。如果有人向你提出的要求是不符合原则的，不答应给办，这就叫坚持原则。不能为保持一团和气而丧失立场，不论什么样的关系，该拒绝的一定要拒绝，否则你将后患无穷。但同时也要讲究说话方式的灵活性，根据人际关系的类型和特点，根据语言交往的内容、场合和时间等的不同，来采取灵活的策略，用幽默的语言来应对尴尬的局面。我们要记住，拒绝很重要的一点是委婉含蓄。委婉拒绝是希望对方知难而退。事情没办成，但情谊还在。

有个故事说：有人想让庄子去做官，庄子并未直接拒绝，他只是打了个比方，说："你看到太庙里被当作供品的牛羊吗？当它尚未被宰杀时，披着华丽的布料，吃着比较好的饲料，的确风光，但到了太庙，被宰杀成为祭品，再想自由自在地生活着，可能吗？"

庄子虽没有正面回答，但用一个很贴切的比喻已经回答了：让他去做官是不可能的。因为相比高官厚禄，自由自在才是庄子追求的生活，而且选择做官是一件没有退路的事情。这种方法就是委婉的拒绝法。

还有一次，庄子向监河侯借贷。监河侯不想借给他，但又不好当场拒绝，于是就敷衍道："好。再过一段时间。等我去收租，收齐了，就借给你。"

监河侯不说不借,也不说马上借,而是说过一段收租后再借。这话含有多层意思:一是目前没有,现在不能借;二是我也不富有;三是过一段时间不是确指,到时借不借再说。庄子听后已经很明白了,所以也没有心生怨恨。这已经是一种尽可能委婉地表达方式,没有把话说死,但又拒绝了对方。因为监河侯并没有直接说不借给他,只是说过一段时间再说而已,也让他感到有希望,不至于太伤自尊。

总之,幽默的拒绝是一种智慧,也是一种良好的方式、方法,它能给对方留有退路,使其有台阶可下,也可以不失自己的体面,从而避免尴尬难堪的局面。

用幽默化解他人的怒气，弱化他人的攻击

幽默的语言往往给人以诙谐的情趣，又使人在笑意中有所领悟，幽默往往是缓解紧张、祛除畏惧、平息愤怒的最好方法。愤怒的气氛就像一团火，而幽默就像一块冰，只需要一点点，就能让升温的气氛降下来。

有一次，一个有威信的省议员觉得受到了别人的侮辱，顿时怒气冲天。他迫不及待地想报复，但一时又找不到什么方法，结果，他的行为举止好像一个小学生在遇到同样困难时的举动一样幼稚：小学生往往是去找老师告状，要求老师去惩罚他的敌人，这个议员则是去主席那里申诉，希望这个事件能公平地解决。

这个议员找的是麻省省议会的主席柯立芝。柯立芝德高望重，这个议员所受的委屈使他相信柯立芝一定会替他当场主持公道的。于是他把详情一五一十的告诉了柯立芝，但是，柯立芝却以一种非常幽默的口气对付过去了。

纠纷是这样引起来的：当另一个议员在做一个很漫长的演讲时，这个议员觉得对方占用的时间太长，就走到对方跟前低声说："先生，请你能不能快点……"话未说完，那个正在演讲的议员便回过头来，用严厉的口气低声呵斥他道："你最好出

去。"然后继续其演讲。

这个议员觉得自己受到了侮辱,于是,这个受了委屈的议员走到柯立芝面前说:"柯立芝先生,你听见某某刚刚对我说的话了吗?"

"听见了。"柯立芝不动声色地答着,"但是,我已经看过了有关的法律条文,你不必出去。"

这种回答实在是太聪明了。柯立芝把那位议员的愤怒当成了玩笑,他不让自己卷入这种儿童式的争吵的旋涡中去,就是因为他能看出这种无聊地争吵的幽默之处。

幽默有的时候是智慧和才华的表现形式,是临场应变的反应能力。机智的人不仅善于以局外者的身份化解他人的争吵,而且更善于化解在与人交往时因发生矛盾而出现的僵局。

有一天,在拥挤喧闹的百货大楼里,一位女士愤愤地对售货员说:"幸好我没有打算在你们这儿找'礼貌',在这儿根本找不到!"

售货员沉默了一会儿说:"你可不可以让我看看你的样品?"

那位女士愣了一下,然后笑了。售货员的幽默,打破了与顾客间的僵局。这种反客为主不仅不会让对方感到尴尬,反而能让对方的心情得到调整。

人们为了解决求学、工作、住房、购物等方面的问题,往往要与人交涉。学会在交往中适时地表现些幽默,你的成功几率一定会大大增强。

在把事情弄得很紧张、很严重的时候,能在这种白热化的僵局中看出其中所包含的幽默成分,这样便能镇定自若,超然物外。幽默绝不仅仅是搞笑，幽默在聪明人手里就是拓宽社交、化解尴尬的利器。有了这种心理素质，便可巧妙地避免麻烦、纠纷。如果柯立芝或是那位售货员对于争吵也采取一种较真的态度，那对于大家又有什么好处呢？无非是更加激化两方的争吵。而由于采取了一种幽默的态度，柯立芝便可以缓解那种大伤感情的纠纷，那位售货员也巧妙地批评了那位女士的无礼，从而制止了双方进一步的争论。

自嘲也是幽默的一种

自嘲，顾名思义就是自我嘲弄，就是运用嘲讽的语言和语气，自己戏弄自己，自己贬低自己，自己嘲弄自己。适时适度地"自嘲"会收到妙趣横生、意味深长的效果。然而，醉翁之意不在酒，溢于言表的是嘲弄自己，而言语的"潜台词"却另有韵味，具有表里相悖、言此及彼的特点。自嘲有的时候能让自己更平易近人，拉近与对方的关系。运用自嘲往往能使自己的缺点和不足由大变小、由重变轻，并在别人会心的一笑中得以淡化。自嘲既是一种构成幽默的方式，也是一种优化自身性格魅力的独特而有效的方法，它在交谈中具有特殊的表达功能和使用价值。所以，学会自嘲也是一种幽默的艺术。

1.自嘲自己的长相

这一般用于长相确实不太美观的人，主动说出自己的劣势，更能体现这个人心胸不凡。主动表达劣势，也能让人产生亲切感。

台湾有名歌星凌峰一向以丑星自称，但他却极为自信，从不忘以独特、幽默的自嘲展示自己的魅力。比如，他说："中国五千年的沧桑都写在了我的脸上，所以我的脸就长得十分艰难。"在另一次晚会上他说："很高兴见到大家，很不幸大家又见到我。"他用自嘲长相来拉近与观众的亲切感。还有一次他唱完了《小丑》，从观众席中跑出一位姑娘，送给凌峰一束盛开的金丝盘菊。凌峰接过鲜花，露出一副受宠若惊而又情动于衷的样子说："哎呀，我好感动！因为在平常，女观众对我的尊容总是不肯谅解，男观众则统统感觉良好，因为我的长相让他们都感到了自命不凡，充满了自信⋯⋯"1996年春节晚会，凌峰表演歌曲《春天里》，歌词大意是："在美好的春天里，一位男子遇见一个漂亮的姑娘。"当唱到这里时，凌峰骤然停下，面对前排的妻子和周围的观众说："许多人也许不知，我和太太都是青岛人，是一样的水土，但现在为什么会养出两样的品种？这是属于'红富士（指妻子）'，这是属于'莱阳梨（指自己）'。"观众大笑！他继续说："这大概是与胎教有关，因为我们出生的时期不同，她出生时是处在社会主义的浩瀚时期，而我出生时正是抗战最后1年，所以我长得非常艰难，充满着苦难！"观众用忍俊不禁的笑声和雷鸣般的掌声中对这位歌星的自嘲与自信表示了由衷的敬意。

2.自嘲自己做过的蠢事

每个人都是从小到大、从幼稚到成熟、从失败到成功的，都会做过一些令人发笑，甚至傻得透顶的事。如果以此自嘲，既显出你亲切随和，又显示出你的谦逊可爱。别人也会觉得你是一个心胸开阔的人。

萧伯纳有一次从前苏联访问归来，对朋友们说："我自命不凡，却受到小姑娘的教训。"他自嘲地说："一天我在街上遇见一个苏联小姑娘，很招人喜欢，便哄她玩了很久。临别时，我说：'你回去告诉妈妈，今天同你玩的是世界有名的萧伯纳。'可是那位小姑娘竟然学着我的口吻说：'你回去告诉妈妈，说今天同你玩的就是苏联姑娘玛莎。'"

如此生动有趣的搞笑故事，让朋友不禁哈哈大笑起来。在大笑之余，人们似乎也领悟了一个道理：一个人不论有多大成就，他对任何人都应平等相待，要时刻谦逊。

萧伯纳也正是通过这次出糗，让自己明白了这个道理。

3.自嘲自己独特的生活遭遇

这种自嘲要求自嘲者的生活遭遇本身有一定的波折、坎坷或者不平凡，如果风平浪静的就没什么意义了。

姜昆在一次演讲中这样嘲讽自己的生活遭遇："青年作家梁晓声也是我们北大荒的'荒友'，他写了《这是一片神奇的土地》和《今夜有暴风雨》两部作品。我们看了高兴极了，把我们这些倒霉蛋，全写进去了！"姜昆的话逗得大家哈哈大笑。

"上山下乡的时候，是鼓满了风帆，开足了马力的航船，后来就破衣烂衫地返航了。"

"转眼我们都成了家，又有了副产品，生了小孩，在各个工作岗位上找到了归宿。"

在这，"倒霉蛋""破衣烂衫"，把"生小孩"说成是"副产品"，都是诙谐性词语，说者恰到好处地运用它来嘲笑自己的生活遭遇，表达了他对生活的调侃之意，产生了风趣幽默的效果。他的幽默和胸襟都很好地展示了出来。

4.自嘲自己的优点

这种自嘲方式一般不太常用。因为人们大都喜欢正面表扬自己的长处，自贬长处的人确实很少。其实，自嘲自己的优点和长处更能使人注意你的优点和长处。

比如，有名乒乓球运动员徐寅生在一次讲话中说："大家常说我打球时是'智多星'，其实我不过是脸上多长几颗痣而已。"

把优点和自嘲结合在一起，一定要恰当，否则不仅没有效果，甚至会让人觉得尴尬。"智多星"本是对优点的称赞，但他巧妙地把它嘲笑成是脸上多长几颗痣，优点当缺点来嘲笑，既体现了自己的谦虚，又产生了幽默感。

5.自嘲自己的一生经历

这种自嘲一般多用在听众比较随便、集中的场合，而自嘲者往往大都是身份和资历比较高的人。将自己的德高望重与自嘲形成幽默的反差，效果会更好。

比如，一位老学者这样嘲讽自己：年95岁，所剩须发全白，是个"皓首匹夫"，齿牙全部脱落，只能靠假牙度日，是个地道的"无耻（齿）之徒"；老伴早逝，一人独居，孤苦伶仃，是个"独夫"；身患心脏病，时好时坏，是个"坏良心"；年老体衰，骨头缺钙，属于"软骨头"；每早吃稀粥、腐乳，可谓"生活腐化"；午饭喜吃红烧肉，古人云"食肉者鄙"，照此说来，又是一个"粗鄙之人"；一辈子执教鞭，又常参加社会活动，兼写文章，可以说得上"不务正业"；家中各种新颖用具一概不懂用法，是个"笨伯"；常言道："老而不死是为贼"，是个十足道地的"老贼"……

如此精彩的系列式自嘲,文雅诙谐,别出心裁,妙趣横生,令人捧腹,创造了浓郁的幽默美感,给人以智慧的象征。

在交谈中运用自我嘲讽要注意以下几点:

(1)自嘲时要说得"玄乎一点",其自嘲的内容最好是半真半假,要有适度的夸张,这样会产生幽默感。如果说得太实了,容易造成对自己的伤害,破坏了现场效果。

(2)应采用轻松愉快的情调去自嘲,注意表达你对事物的坦荡胸怀和对人生的乐观态度,有了这种愉快的情调,才能引发听众欢乐的笑声。

(3)要审时度势,判断时机,不可不分场合、地点胡言乱语。自嘲虽有一定的表达功能,也有明显的局限性,充其量它不过是一种辅助性的交谈手段,不宜到处乱用。比如,对话答辩、座谈讨论、调查访问等,就不宜使用自嘲,而应直抒胸臆,坦率诚恳地吐露思想观点、介绍情况和回答问题。

(4)自嘲的态度要积极,不可玩世不恭,不可举止轻浮。自嘲是智慧的表达,具有积极意义的自嘲,包含着自嘲者强烈的自尊、自爱和责任。自嘲者的心是热的,自嘲不过是他采取的一种貌似消极实为积极的、促使交谈向好的方向转化的手段。而玩世不恭,则是人们对世事表现出的冷漠、讥讽和不负责任的态度。如果自嘲出于这种态度的话,就会失去任何积极意义,有害于交谈。

最后,运用自嘲要适可而止,不能过火。自嘲是一种非正常的、带有意外性质的幽默表达,运用它要格外谨慎,通常是"点到为止",让人意会即可,不能一味放纵,喋喋不休,就像过量的卤水点豆腐，会使豆腐苦涩不堪。过分的自嘲，也会使交谈出现危机。进而言之，如果执意运用自嘲指桑骂槐、含沙射影、泄私愤、图报复，其后果更糟，这种事情屡见不鲜，当引以为戒。

| 幽默沟通的艺术

自己常备一些幽默包袱

幽默感是一个人的好品质之一。和有幽默感的人相处,你会感觉到他身上展示出来的智慧和魅力。在人际交往中,幽默能够化尴尬为笑声,是人际关系的润滑剂。然而很多事情都是从模仿开始的,幽默没有版权,只要得当,人人可以使用。所以,在学习幽默的时候,我们可以多准备一些幽默包袱,为自己的幽默添砖加瓦。

一天上午,面包店来了一个小孩子要买果酱面包,营业员小王如数给他称好了面包。由于是散装的,所以面包只是用纸简单包装了一下。下午的时候,小王正在店里闲坐,突然来了一名怒气冲冲的女士,说:"你们店号称童叟无欺,竟然短斤缺两!"

面对突如其来的责问,营业员不慌不忙,了解到这位女士就是上午买面包小孩的母亲时,小王明白了一切。于是,他微笑着回应道:"我们一直是童叟无欺的,至于我给孩子称的面包是不是短斤缺两了,您回去称称孩子,看他是否变重就知道了。"

听了小王的话,女士不好意思地走了。其他店员纷纷称赞小王的幽默,既给他自己解了围,又幽默地化解了冲突。

第三章　社交篇：幽默是开启社交场合的金钥匙

任何公共场合都是社交场合，我们应该时刻遵守社交场合的潜在规则。比如饭局，就可以显示出一个人的才华、修养和风度。有时一句幽默的话会比好几句话更能给别人留下深刻印象，使人无形中对你产生好感，促进彼此的关系。

幽默可以采取"抖包袱"的方式，也就是故意制造漏洞，制造悬念，引起人们或惊讶或好奇的关注，然后再抖开"包袱"，人们见是一场虚惊时，都会付之一笑。1946年初夏，国画大师张大千在上海小住后要回四川老家，弟子们为他践行，请来了包括梅兰芳在内的众多社会名流。

这是一次很隆重的宴会。宴席上，张大千举杯笑吟吟地来到了梅兰芳跟前。人们不禁纳闷：张大千是知道梅兰芳不喝酒的啊！为何还要拿着酒杯过去呢？正当大家疑惑的时候，张大千举杯对梅兰芳说："梅先生，您是君子，我是'小人'，我先敬您一杯！"此语一出，全场愕然，对张大千的行为十分不解，梅兰芳也不禁皱起眉头。

这时，张大千爽朗一笑，解释道："你是君子——动口，我是小人——动手！"原来如此，张大千此话一语双关："动口"既是说梅先生是唱戏的能手，又表示请梅喝酒；"动手"则既表示自己是用手作画的，又表示自己是敬酒而来的。顿时，宾客笑声四起，宴席的气氛一下子高涨。所有人都为张大千的幽默才智赞叹不已。

平时滴酒不沾的梅兰芳被逗乐了，不由自主拿起面前的酒杯，一饮而尽。幽默是人际关系齿轮中的润滑剂，是推进人与人之间关系的有效方法之一。有幽默感的人处处受欢迎，更何况是在饭局中呢。

一次酒席上,两位客人为某一件小事争论不休,酒桌气氛不佳。

这时候主人突然大声问道:"各位,刚才我们上的是哪一道菜呢?"

"是烧鸡啊!"其中一位客人说道。

"是的,就是鸡,而且是公鸡!"主人一本正经地说,"原来是鸡在作怪,难怪大家要斗起来!"他用一盘菜来暗示两个客人不得体的争论已经影响了酒桌气氛。

然后他举起酒杯继续说:"让我们灭灭火吧!"一句幽默的话,化解了酒桌上的战斗。有幽默感的人很懂得自嘲。在饭局中,遇到难堪的情形时,可以保持冷静,采用幽默的方式轻松化解。

妙语连珠，让朋友簇拥在你身边

美国心理学家爱德华·霍尔研究发现，人与人之间的距离可以分为以下几个区域：亲密距离（0.15米之内）、个人距离（0.46~0.76米）、社交距离（1.2~2.1米）、公众距离（3.7~7.6米）。

亲密距离即我们常说的"亲密无间"，也就是我们常说的"触手可及"，这是一种绝对安全的距离，是放弃自我保护意识的距离。彼此间可能肌肤相触，耳鬓厮磨，以至相互能感受到对方的体温、气味和气息；面对面能够清楚地看见对方的表情和眼神，身体上的接触可能表现为挽臂执手或促膝谈心，体现为亲密友好的人际关系。

个人距离这是人际交往中稍有分寸感的距离，少有直接的身体接触。近范围距离为0.46~0.76米之间，相当于两臂的距离，仅能保证相互亲切握手，友好交谈。这种距离有自我保护意识，但是已经算是比较亲密了，是氛围比较好的一种交流距离，是与熟人交往的空间。如果与素昧平生的人保持这种距离，就会构成对别人的侵犯。远范围是0.76~1.22米，任何人都可以自由地进入这个空间，不过，熟人之间保持的距离更靠近远范围的近距离一端，而陌生人之间谈话则更靠近远范围的远距离一端。

社交距离已完全超出了亲密或熟人的人际关系，这是一种相对独立的状态，有保护意识，是体现出一种社交性或礼节上的较正式关系。近范围为1.2～2.1米，相当于一个人竖躺在两人中间的距离，一般在工作环境和社交聚会上，人们都保持这种程度的距离。

社交距离的远范围为2.1～3.7米，表现为一种更加正式的交往关系。公司的经理们常用一个大而宽阔的办公桌，并将来访者的座位放在离桌子一段距离的地方，这样与来访者谈话时就能保持一定的距离。这种距离能让自己保持从容不迫的心态，面对问题时，有可以回旋的安全感。如企业或国家领导人之间的谈判，工作招聘时的面谈，教授和大学生的论文答辩等，往往都要间隔一张桌子或保持一定距离，这样就能增添一种严肃的气氛。

公众距离是公开演说时演说者与听众所保持的距离。近范围3.7～7.6米，远范围在10米之外，这是一个几乎能容纳所有人的"门户开放"的空间，是一个相对自由的空间。除了演讲者，听众间交流比较少，人们完全可以对处于空间的其他人"视而不见"，多用扫视，少有注视，因为相互之间未必发生一定联系。因此，这个空间的交往，大多是当众演讲之类，当演讲者试图与一个特定的听众谈话时，他必须走下讲台，使两个人的距离缩短为个人距离或社交距离，才能够实现有效沟通。

显然，相互交往时空间距离的远近，是交往双方之间是否亲近、是否喜欢、是否友好的重要标志。根据彼此的关系，来确定一个比较适合的空间距离就显得极为重要。这也是情商和修养的体现。

与聪明人说话要见识广博,与见识广博的人说话要有辨析能力,与位置高的人说话态度要轩昂,与有钱人说话要记得豪爽,与穷人说话要记得动之以情,与位置低的人说话要谦虚有礼,与上司说话要用奇特事情打动他,与下属说话要用切身利益说服他。

在进行不同社交的时候,要重新为自己定位,确立好自己在这次公开场合的位置。明确自己能力的大小,明确自己的优势与劣势,明确自己的需求。这需要我们进行自我分析,宗旨在于了解自身根据过去的经验选择未来的亮点。对自己的分析要客观全面,决不能回避自己的缺点与短处。

话题参与认真想清楚。什么样的场合,办公室里不说闲话,酒宴上不说工作,参与话题要搞清楚情况,不可盲目,让自己陷入尴尬的境地。

美国心理学家乔瑟夫和哈里提出了有效沟通的四个区:开放区,盲目区,隐秘区,未知区。

开放区是自己知道、别人也知道的信息。例如你的家庭情况、姓名、部分经历和爱好等。开放区具有相对性,有些事情对于某人来说是公开的信息,而对于另一些人可能会是隐秘的事情。在实际工作中的人际交往中,共同的开放区越多,沟通起来也就越便利,越不易产生误会。所以,开放区比较大的情况,证明你为人随和,愿意交朋友,做人比较坦诚、坦率。

盲目区是自己不知道、别人却可能知道的盲点。例如性格上的弱点或者坏的习惯,你的某些处事方式,别人对你的一些感受,等等。反思现代社会,为什么那些地位和权势越高的人,越难听到关于自己的真话?就是因为围绕在这些人周围的往往都是一些阿谀奉承的人和话,沟通单向而闭塞,就如同何教授课堂上的几何图形信息传递一样。从宏观来讲,很少有人愿意别人说自己的缺点,说了也不会高兴,大部分情况也不会改正,除非你的盲目去给别人造成了困扰,否则很少有人愿意干这种不讨好的事情。所以,一旦当事人没有博大、开放的胸怀容纳一些敢于对自己讲真话的朋友或善于直言的下属,他的盲目区就有可能越来越大。因此,作为党员领导干部,只有不断地缩小自己的盲目区,才是走向群众的必由之路。

隐藏区是自己知道、别人却可能不知道的秘密。例如你的某些经历、希望、心愿、阴谋、秘密,以及好恶等。这些属于一个人无法言说的东西,或者说是背迫需要隐藏起来的事情。一个真诚的人也需要隐藏区,完全没有隐藏区的人是心智不成熟的。但在有效沟通中,适度地打开隐藏区,是增加沟通成功率的一条捷径。

未知区是自己和别人都不知道的信息。例如某人自己身上隐藏的疾病。未知区是尚待挖掘的黑洞,也许通过某些偶然或必然的机会,得到了别人较为深入的了解,自己对自我的认识也不断的深入,人的某些潜能就会得到较好的发挥。未知区的好坏显然也是未知的,从积极方面想,它代表着一种可能性。一个人的潜能,这需要我们慢慢挖掘。

第四章

职场篇：幽默是缓解职场压力的调节剂

04

幽默的自我介绍，是面试的加分项

在日常工作中，不管初入职场，还是与客户见面，我们做得最多的就是作自我介绍。如何别开生面地介绍自己，给领导和同事留下一个深刻的印象，这才是自我介绍的重点。当然，我们一定不能拒绝幽默的介绍方式。两三句幽默而诙谐的语言，这不仅是特别的自我介绍，而且很容易吸引他人的眼睛，从此便记住了你。幽默的人容易让人记住的根本原因，是你的幽默让他感到了快乐，感到了幸福，他在内心里接受了你，你们的物理距离没有变化，但是精神距离拉近了。那么，怎么幽默自我介绍呢？

在初次见面经常遇到做自我介绍的状况，而在向陌生人做自我介绍时，许多人在介绍名字方面就做得不太好，在介绍时只是简单地报出自己的姓名："我姓x，叫xx。"自以为介绍已经完成。然而这样的介绍肯定算不上有技巧，也许只过了三五分钟，别人已经把他的姓名忘得一干二净，这样也就无法给别人留下深刻的第一印象。

普通的自我介绍其实意味着乏味的自我介绍，乏味会让人感到厌倦，如果哪句话让对方听着不舒服，甚至会让对方感到反感。而幽默则是乏味的克星，幽默的谈吐、幽默的睿智能够让他人牢记你的名字,长时间印象于你的气质、风度与涵养上。

因此,在社交场合,一个幽默的自我介绍如同一次令人刻骨铭心的广告。幽默的自我介绍,可以让他人在短时间内留下深刻的印象,为进一步的交往打下良好的基础。掌握幽默的人因此更容易获得机会,走向成功。然而一段幽默的自我介绍,首先应该从介绍自己的名字开始,请幽默地说出自己的名字,那么一次成功的交际之旅将会让你收获颇丰。

一个人的姓名,往往拥有丰富的文化积淀,或折射凝重的史实,或反映时代的乐章,或寄寓双亲对子女的殷切厚望。因此,推衍姓名的幽默能令人对你印象深刻,有时也会令人动情。

那么到底应该如何幽默地介绍自己呢?下面为大家列举出几种对姓名的幽默介绍法。

1.利用名人式幽默

在新生见面会上,代玉做自我介绍时,风趣地说:"大家都很熟悉《红楼梦》里多愁善感的林黛玉吧,那么就请记住我,我是新时代的黛玉叫代玉,我是黛玉的反版,因为我天生快乐。"

利用和名人的名字相近的方式来介绍自己的名字,关键注意所选的名人是大家所熟悉的,否则就收不到最终的幽默效果。如果可以的话,最好能跟喜剧演员或小品演员的名字产生联系,这样效果会更好。

2.自嘲式幽默

刘美丽介绍自己时说:"不知道父母为何给我取美丽这个名字。我没有标准的身高,也没有苗条的身材,更没有漂亮的脸蛋,这大概是父母希望我虽然外表不美丽,但不要放弃对一切美丽事物的追求吧。"

刘美丽幽默、乐观的自我介绍引起了大家开怀一笑与敬佩,她以一种幽默的姿态向人们显示了自己积极的人生观与价值观,敢于正视自己的不美丽,反而让她变得更有魅力。自嘲的潜在逻辑是示弱,是表现自己的缺点给别人看。人的心理其实就是这样,面对示弱,内心往往有一种潜在的通情在里面。

3.自夸式幽默

李小华很懂得幽默自夸,他在介绍自己时经常这样说:"我叫李小华,木子李,大小的小,中华的华。都是几个没有任何偏旁的简单字,就如我本人,简简单单、快快乐乐。但简单不等于没有追求,相反,我是一个有理想并执著的人,在追求理想的路上我快乐地生活着。"

李小华幽默的自夸中,并没有真正蓄意表现自己的狂妄,相反,他在自夸的同时是为了向大家显示自己的亲和,将幽默和亲和力结合在一起,往往能发挥出双倍的功效。幽默的智慧正是在于此,幽默让伟大显得谦逊,让谦逊变得伟大。这种人是很难不让人叹服的。

4.利用谐音式幽默

朱伟慧在一次自我介绍中曾经这样幽默说:"我的名字读起来像'居委会',正因为如此,大家尽可以把我当成居委会,有困难的时候来反映反映,本居委会力争为大家解决。"听到这样的介绍,大家忍俊不禁。

大家笑不是因为朱伟慧的名字不仅起得趣味十足，更是在于她将自己的名字介绍得幽默地道。而且通过谐音词，还可以将自己的优点说出来，让大家更好地了解她。

5.姓名来源式幽默

陈子健幽默自白道："我还未出生的时候，名字就在我父亲的心目中了。据说他很喜欢这样一句古语'天行健，君子以自强不息'，于是毫不犹豫地给我取了这个名字，同时希望我像君子一样自强不息。没办法，父母之命不敢不从，何况刚出生的我还没有力气来修改自己的名字呢。"

以自己的名字来源作为噱头，幽默且不失明确的表达，于趣味中留给他人生动，于豁达中施与他人快乐。这种介绍方式因为来源耳熟能详，所以更容易让人记住你。

6.调换词序式幽默

周非在自我介绍的时候，就经常调换词序，他经常这样跟人家介绍说："把'非洲'倒过来读就是我的名字——周非。所以请知道非洲的你们也同样明白我的存在。"

周非的自我介绍简单、幽默，充满个性，如果你的名字在顺序打乱后也是一个能够被大家熟知的事物，那么不妨从熟悉下手引导出自己的精彩介绍，那么想不让他人记住你都是一件比较难的事情吧。当然，调换后的词语一定要雅致，不可过于粗俗，否则会让别人觉得你轻浮，这就得不偿失了。

7.摘引式幽默

任丽群同学可谓是摘引式幽默的高手，她经常让陌生人过目不忘的原因不在于她外表的独特，而是在于她幽默的生活态度。她在自我介绍中幽默道："大家都知道'鹤立（丽）鸡群'这个成语，我是人（任），更希望出类拔萃，所以，我叫任丽群。"

这种幽默、风趣的自我介绍，想不引起他人的注意都很难。她将自己的名字与成语很好地结合在一起，让人感叹她的奇思妙想。

自我介绍有很大的发挥空间，我们应该想方设法把它丰富起来，不要放过任何一个吸引人注意的机会。

幽默说出你的名字，将自己的名字与大家熟知的"笑点""笑料"巧妙的联系在一起，他们在介绍自己的名字同时，已经不经意地牵引着他人去想象、去发笑。

在日常工作中，我们需要自我介绍的场合有很多，第一次见领导，第一次见相亲对象，第一次在班级里介绍自己，初次见同事以及会见客户等。虽然，这只是一个简单的自我介绍，将会影响到日后你在办公室里的人际关系。假如我们在作自我介绍时能融入几句幽默诙谐的语言，那自然会令人耳目一新，适时打动在场的人。

第四章　职场篇：幽默是缓解职场压力的调节剂

职场幽默的人，与同事相处更融洽

幽默的力量能改善人与人之间的关系，去除人际之间的不谐调音。一个具有幽默感的人，他最大的魅力并不止于谈吐风趣，他还能在紧急关头发挥机智，使呆板变成有趣，使烦恼变为欢畅，使痛苦变成愉快，将尴尬转为融洽。其实，幽默在人际交往中很重要的。

幽默是我们处理可控范围内人际关系的工具。幽默具有增进友谊、淡化矛盾、消除误会、帮助人轻松摆脱困境的巨大作用，能使人与人之间的交往变得更加顺畅、融洽，是人际交往中不可缺少的润滑剂。掌握幽默的人，人生道路往往都不会太难走。

1986年，科·阿基诺夫人在发表菲律宾竞选总统演说时，一个人当面指责她是一个什么都不懂的家庭主妇。

科·阿基诺夫人回应道："没错，我的确是一个对政治和经济都不怎么了解，而且对政治也没有什么经验的家庭主妇。"

看到科·阿基诺夫人承认了自己的观点，他又继续叫嚷着："那看来你只能围着锅台转，你还是尽早回家去烧菜做饭吧！别在这里丢人现眼了。"

这时，科·阿基诺夫人笑着说："虽然对于政治，我是个没有经验的外行人,但是作为一位资深的家庭主妇,我却是十分精通日常经济的。"

话音一落,全场立刻爆发出一阵热烈的掌声。

善于理解幽默的人,容易喜欢别人;善于表达幽默的人,容易被他人喜欢。不管怎么说,幽默的人总是易与人保持和睦的关系。

在人与人的相处过程中,难免会发生一些小摩擦。无论是大场合小场合,还是公开场合,所有人都无法避免这件事。当矛盾发生时,只有那些缺乏幽默感的人,才会把事情弄到不可收拾的地步。而幽默的人却不如此,他们总是能在不利的情况下,用幽默来润滑与他人的关系。

王璞和李毅是同在一家公司就职的同事。一次,两人因工作的问题发生了摩擦,气氛弄得很紧张,有一种箭在弦上不得不发的架势。血气方刚的王璞怒气冲冲地将李毅拉到外面的走廊里,摆出一副要与李毅大动拳脚的架势。

李毅说:"要打架我一定奉陪。但是,时间、地点及武器由我决定。"

王璞说:"好,没问题,你定就你定,谁怕谁啊!"

"那好!"李毅接口说道,"时间就是现在,地点就在走廊里,武器用嘴,怎么样?"

小王一愣,然后哈哈大笑,一场争斗就这样平息了。

幽默就具有如此神奇的力量,它总能在危机的时刻扭转局面,尴尬的时刻化解局面,能给你带来很多意想不到的好处。它不仅能使你成为一个受欢迎的人,使别人乐意与你接触,愿意与你成为朋友。还是人际关系的润滑剂,能让你充分向他人展示自己的友爱和友善，使双方之间的相处变得更加活跃和谐。一句小小的幽默往往可以起到许多别的话语无法达到的作用。

幽默未必适合所有的场合，但是如果你能够在恰当的时间和场合，恰如其分地把你的聪明机智运用到智慧的幽默中来，使别人和自己都享受快乐。那么，你就会得到别人更多的喜欢和钦佩，在交往中避免很多不必要的损失和麻烦，甚至能为自己赢得好运。

许多人认为，生意场上的人通常是乏味的，但那些乏味的生意人中，在生活里，许多人也是很有幽默感的。最近的盖洛普调研就显示，人们在周末笑的频率，要比工作日明显多得多。但悲催的是，随着人们年龄的增长，他们越来越不爱笑了。

尽管职场是一个比较冷酷的环境，可是你又必须承认，在职场，幽默感是非常重要的。幽默的员工会有更好的人际关系，在业务水平相差不多的同事当中，幽默感也可以让某人脱颖而出。对于身居高位的管理者来说，幽默感更不可或缺，研究显示，更富幽默感的管理者，下属离职率更低、抗压性更好、更容易提出创新解决方案。

在职场中，幽默可以说是一个"桥梁"，它能够让你更顺利地与他人相处，能够更轻松地与领导沟通。笑声能让人脑分泌催产素，这是一种促进社会化协作的激素，能够增强信任感，让人们更容易打开心扉。

幽默沟通的艺术

快速修炼职场幽默力

那么，没有幽默感的人怎么办？难道就不能好好的上班了吗？这些办法能让你快速get职场幽默力。下面，就让我们学习一下如何在职场中保持幽默吧。

1.学会自嘲

会自嘲的领导者是有胸襟的领导者，是让人看起来谦和友好的领导，不在高不可攀，不在冷若冰霜，这更容易赢得广泛的群众基础。而且，自嘲不会让别人真的小看你，反而会感觉你比你表现出来的更强大，毕竟，敢于自嘲的人一定是对自己超级有信心的。同时，这也给员工一个信号，鼓励他们也变得有趣起来。幽默感强的领导往往能带出幽默感强的团队。而幽默感对于一个团队来说，显然有着不可限量的作用。

但要注意，如果你不是高阶管理者，而只是一名小兵，不要轻易自嘲，这容易让你显得很不自信。另外，千万注意，只可自嘲，千万不要轻易拿同事和下属当靶子。

2.学会判断有趣还是无知

怎么判断什么才是"有趣的"？毕竟，很多不懂幽默的人只是在拿无知当有趣。尴尬的幽默是毫无意义的，而且这种尴尬的幽默反而告诉了别人，你是一个没有幽默感的人。

如果你是企业高管，下属可能会出于"礼貌"发出笑声，但他们可能只是被迫的，幽默感离你还远着呢。所以，对于"真的笑声"和"礼貌的笑声"之间的差别要有一点判断力。

3.让团队里的"幽默大师"来建立连接

如果还是没有办法让自己变得有幽默感怎么办？不要紧，在你的组织中找到那些有趣的人，激励他们，让他们成为"幽默大使"站在前台来，用别人的幽默来促进团队的和谐。他们能够帮你建立融洽的人际连接，缓解职场焦虑的气氛。当然，如果可以还是尽量培养自己的幽默感。

2016年的研究显示，在严肃的职场环境中，如果你能够恰当地抛出一个笑话，你的同事会倾向于认为你具有更高的胜任力。

幽默还可以通过记忆的作用发挥威力，增加你的权威感。比如，大多数的会议不是让人沮丧，就是极度沉闷，如果有人能够在会议中稍微制造一点趣味，那一定会被人记住并且感谢的，不是吗？

幽默感甚至还能帮助你得到青睐的工作。在一次短时间的面试里，如果硬件条件差不多，讨人喜欢的人显然是更有优势的。一项针对700名CEO的调查显示，98%的CEO喜欢具有幽默感的应聘者，84%的CEO认为，有幽默感的应聘者工作能力更强。毕竟，幽默感是领导力的重要组成部分，它意味着你能与人和谐相处并把事情干成。

　　征战过纳粹的美国总统艾森豪威尔曾说,"打败纳粹、修建公路,你都需要一点幽默感"。职场如战场,你也试试吧。

　　所以,幽默感对你的职场生涯有着不可限量的作用!它能让你避免麻烦,解决问题,赢得信任。而且谁不想和有趣的人在一起工作呢?不仅效率会提高,压力也会自然而然的小很多,这样的工作状态可是许多人都梦寐以求的。做一个幽默的职场人,你的前途将不可限量。

幽默是缓解工作压力的调节剂

在加州Loma linda大学，研究人员研究了笑声能否增加免疫系统的同时也减少三种应激激素：皮质酮，肾上腺素和多巴胺代谢激素（一种多巴胺降解代谢物质）。他们研究了16个被试，这些人被随机分配到控制组和实验组（有幽默性事件发生），血压水平显示这三种应激激素分别被减少到了39%，70%和38%。因此，研究者认为积极事件可以减少有害的应激激素。

显然，幽默感对于人类的生活是有实质性的积极意义。尝试成为一个幽默的人可能是缓解压力最有效的方法，幽默可以使得你的日常生活变得更加愉快起来，让你的笑容变得更多起来，因此你应该试着多看一些笑话，或者和同事一起聊聊搞笑的话题。

随着社会竞争日趋激烈和生活节奏加快，现代人在工作和生活中往往会面临着各种压力，这种压力会慢慢积累，难以消除。久而久之，让人不堪重负。然而，多数人对于这种压力并没有给予足够的重视，总认为在工作和生活中有压力是自然的事，不需要对压力进行适当地排解。长此以往，不仅影响了工作，而且也失去了健康的身体。那么，如何幽默面对压力呢？

事实上，缓解压力的方法非常容易，融化冰块，只需要一点点灿烂的阳光。只要一个小幽默，一脸阳光的微笑便可化解来自工作和生活中的压力。每天幽默一点，心中的压力就会消除一点。有两位保险公司业务员在一位大客户面前争相夸耀自己保险公司的付款速度。第一位业务员说："我们保险公司十次有九次是在意外发生当天，就把支票送到保险人手里。""那算什么！"第二位业务员取笑说，"我们公司在商务大厦第20层，这栋大厦有40层高。有一天，我们的一个投保人从这栋大厦的顶楼跳下来，当他经过23层时，我们就把支票交给他了。"

第二位业务员从容不迫的巧妙回答，成功吸引了那位大客户对其公司保险业务的关注，就是这一个小小的幽默，让他顺利签下了这个大单，同时，也让他的竞争对手输得心服口服。这个世界很复杂，但是在一些细节处，往往考验的只是简单的能力。事实上，许多剑拔弩张、一触即发的场面，都可以因为一念之间的幽默而冰释前嫌。在紧张忙碌的职场，我们往往背负着较大的生存压力，如果处理不好，不仅会使我们失去就职机会，甚至还会使我们丧失工作的积极性，最终使压力变成阻力。这时，我们就应该怀着积极乐观的心态，借助幽默为自己赢取就职机会，也为自己和同事营造出一个轻松愉快的工作氛围。

职场是浑浊的，人与人之间的勾心斗角也无法用三言两语说清楚，所以职场上的工作竞争压力很多时候也是无法避免的。我们不仅在单位可以利用幽默来减压，下班回家后，同样也可以通过幽默来减压。当然，不仅是成年人有各种压力，学生们也常背负着沉重的课业压力。在残酷的竞争面前，学生要想经得起这些压力的考验，就需要运用幽默方式进行自我调节。

还有一个月就要高考了，面对这次决定命运的测试，大家都在教室里紧张地复习功课，为最后的冲刺加把劲儿，谁也没有闲工夫去闲谈。就在这时，教室里突然发出一声"哐当"的巨响，最后一排的小森因座椅坏了而摔倒在地。就在大家不知所措回头看时，小森自言自语道："唉，难道是学习给它的压力太大了？"全班同学顿时被他的幽默逗得哄堂大笑。其实偶尔的一个幽默无伤大雅，在严峻的高考压力下，大部分学生都苦不堪言，没有人想过用幽默为自己调节一下。而小森却能苦中作乐，足见小森的自我调节力有多强。更值得称道的是，他的这种幽默不仅调节了自己的情绪，还愉悦了其他同学。

　　无论压力来自哪一方面，在无法避免的情况下，智者往往能将压力转化为动力，聪明的人通常能将压力化解于无形，而愚笨的人则只能终日饱受压力的困扰。那么，面对压力的时候，我们要做何种选择呢？对多数人来说，成为智者并不容易，那我们就努力做一个聪明的人吧！在生活中多多地自我幽默、自我调节，让自己轻松快乐地度过每一天。

用幽默让别人对你产生信任感

幽默的话语可以打动同事的心,打造办公室内的好人缘,同样也可以帮助你赢得领导的好感和信任。不要认为领导毕竟是领导,员工仅仅是员工,两者之间的壁垒坚不可摧。要知道,领导也是人,不是神,也有七情六欲、喜怒哀乐,这就自然决定了领导和你我一样,也喜欢有幽默感的人。

所以,你若想与领导顺畅地沟通,赢得领导的信任,拉近双方的距离,就要把你的语言变得幽默化。这样,你更有机会升职加薪,在公司中确定自己的地位。

来看一个例子:年轻人琼斯给一家公司老板当司机,开车原本是很无聊的,尤其是遇到堵车时,但琼斯总有办法把无聊的时间变得有趣,他经常会给老板说笑话解闷,而且时常还会自创笑话。例如,有一次老板有事要去机场,问琼斯要多久,琼斯回答:"很久。"老板很郁闷,追问:"至少要多久?"琼斯来了一句:"开车二十分钟,但要骑马的话,要更久。"老板一听这话,顿时就乐了,老板与员工的关系也在这种幽默中变得更好。

琼斯的老板是一个严厉的人,不允许员工工作中出现差错,否则就会罚钱或直接开除,但琼斯却总能用自己的幽默躲过一劫。这也是幽默无形的力量。

有一次,琼斯开车载着老板到外地办事,半路上琼斯要下车方便,厕所有一截路程,下车时他顺手拔了钥匙,还习惯性地锁上了车。车一锁上,空调也关闭了。当时是三伏天,待琼斯回来时,老板已热得满头是汗,连衣服上都有了汗渍,他生气地抱怨道:"空调关了,车也锁了,你什么意思?"琼斯想现在说自己疏忽有什么用,于是就笑笑说:"为了安全起见啊,您英俊潇洒,玉树临风,万一被劫色怎么办?我走得不放心!"一听这话,老板苦笑着摇了摇头,不快也烟消云散了。其实有的时候用幽默来示弱,往往能发挥更好的效果。

幽默的语言能使别人开怀而笑,亦可使人怒气难生。其实在职场中,对我们的前途影响最大的就是领导了,如果能和领导面对面谈些俏皮话,博得领导的会心一笑,拉近同领导之间的距离,得到领导的认可和欣赏,那么你在职场中自然会如鱼得水,说出来的话也会相对有分量。

需要注意的一个问题,由于和领导的利益、立场不同,很少有员工能完全支持领导的所有决定,接受领导的每一个安排,每个人都是率先考虑自己的,遇到对自己不利的决策往往会怠慢,而且多少都会有不满和怨言,如老板不近人情、太过苛刻、小肚鸡肠等。这种做法对双方的关系是极为不利的,难免有人会向领导汇报,那么你离被炒就不远了。

既然如此,你何必再发牢骚、抱怨、诉苦,不如让幽默成为你消气的"活塞"。与领导因为工作或其他事情产生不合或矛盾时,那些聪明的员工会利用幽默的方式去化解,让自己与领导的关系更亲密、更和谐。你如果能用幽默与领导成为朋友,你遇到的麻烦自然会减少，职场生活也会更顺利。

领导在公司里掌握着生杀大权，说话幽默，领导就会赏识你，器重你，你的前景也是一片光明。但在与领导一起幽默娱乐时，你得先做好自己的本职工作，甚至做得十全十美才行。如果一个人做不好本职工作，为公司创造不出效益，那你再逗乐，再幽默，恐怕也没有哪个领导会买账。

幽默最具感染力，能搞定同事更能搞定客户

商场是没有硝烟的战场，胜利往往属于那些懂幽默的人。说服客户，达成交易，游刃有余地应付各种情况等，善于运用幽默，一切就变得很容易。那么，如何幽默的跟客户交流呢？

有一位销售新手向老推销员诉苦："我干不了这差事。我不管走到什么地方，都会受人侮辱，成为销售后受到的侮辱，比我长这么大受的侮辱都多。"老推销员充满同情地说："那太糟了！我从没有过这种感觉。多年来我走遍很多城市进行推销，我拿出来的样品曾经被人丢到窗外，我自己也曾经被人拒之门外。但是，我想我还是比较幸运的，因为我从来没有被人侮辱过。"通常情况下，客户对突然闯入的销售员都会采取冷漠的态度，因为知道对方是来推销产品的，所以会有精神上的敌意。这位老推销员以自己的亲身体验告诉刚入行的新手，作为一名推销员必须要有幽默态度，经得住冷眼、经得住拒绝，不然很难坚持下去，更不要说获得成功了。其实这种心态适用于人生的大部分地方，幽默往往更好命。

根据相关调查表明：具有幽默感的人在推销商品时往往更容易成功。原因很简单，幽默可以在推销员和客户之间制造笑声，

而客户在笑声中往往更容易接受商品。如果你正和一个爱挑剔的客户打交道，那么，给你最好的建议就是运用幽默进行沟通。

在一个汽车展示会上，一对年轻夫妇看中了一辆汽车，但是对汽车的价格颇有微词。太太抱怨道："这几乎跟一辆大卡车的价钱差不多了。"销售员当即回应："女士，如果您喜欢大车的话，同样的价钱，我可以卖给您两台大型拖拉机。"面对客户的挑剔和抱怨，销售员运用幽默技巧委婉地表明自己所推销的小型车是物有所值的，在令客户莞尔一笑的同时，更容易得到客户的认可。

在与客户合作的过程中，会发生许许多多的事情，由于各种各样的原因，我们难免会与客户产生矛盾，比如谈好的项目客户出尔反尔、客户要求换货或退货、约会客户时迟到、价格谈不拢等等，此时客户的情绪往往会很差，而且对我们充满了不满和抱怨。这时，我们如何应对呢？多数人可能会秉持"客户就是上帝"的原则，坚持以客户为本，首先向客户道歉，表示对客户的理解，之后向客户说明缘由，通常情况下都会将事故原因揽在自己身上，最后就是寻求解决之道。

这种处理方法的确可以减少一些不必要的麻烦，但是绝不是长久之计，也未必总能奏效，因为不是所有的客户都会被这种诚意打动。更何况，盛怒的客户会听我们的劝解吗？很可能不会，而且每次都委曲求全，会吃很多亏。难道就这样坐以待毙吗？不用坐以待毙。此时，如果我们能用幽默的方式将客户的"锋芒"软化，再想办法解决，那么，问题解决起来就会容易得多，对方也不会因此而继续纠缠不休。我们不妨看看下面这个餐厅服务员是如何做的。

小美是一家西餐厅的服务员。她是一个幽默风趣的姑娘，平时就与同事相处得很好，她常常用幽默巧妙地化解工作中的一些尴尬。一天，餐厅里几个客人正在悠闲地进餐，餐厅的氛围特别好，突然一个挂在墙上的装饰物掉了下来。由于落地的声音很大，所有人都被吓了一跳。客人们几乎同时回头，并愕然地望着餐厅的服务员。当时，还有人抱怨了几声。场面一度十分尴尬。这时，小美一脸惶恐，委屈地解释说："不是我干的！"听到这话，客人们顿时哄堂大笑。抱怨的那个客人反而不好意思起来，连声说："没事啦，没事啦！"面对客户的不满和抱怨时，我们可以采用幽默的方式道歉，同时解释原因，由此就能够在笑声中得到客户的谅解和合作。让一切不必要的麻烦和误解在幽默的欢笑声中化解。

可是，有时候，我们还是会遇到难缠的客户，他们或许是因为他们是"上帝"，或许因为占理，会尽力证明自己是对的，而我们是不合格的服务者，从而导致双方的沟通不畅、面谈不顺。此时，我们更要适时加入幽默的言谈举动，尽快消除对方的敌对心理，缓和僵局，使问题得以顺利解决。

同事聚会上，大家都喝得很开心，气氛高涨。

很多人借着酒劲儿开起了玩笑，希望借此更能活跃气氛。这时候一个平时"包打听"的同事问一位有些怕老婆的同事："你还不回家，不怕回去之后老婆修理你啊？"这位怕老婆的同事很讨厌在这种场合听到这样的话，因为这说到了他的痛处，但是在聚会上他也不好发怒。就说："不会啊！"那位同事不依不饶，又问："那你家里的事到底是谁说了算呢？"怕老婆的同事一本正经地回答："大事我说了算，小事老婆说了算。比如决定什么是大事什么是小事,这就是一件小事,当然是老婆说了算。"

  这样的解释让大家哄然大笑,说话的人也笑了。原本是想通过开玩笑活跃气氛,却因为被开玩笑的人机智幽默的回答,使得聚餐的氛围更好了。那位同事本想取笑怕老婆的同事,却没想到他的自嘲引来了笑声,给自己轻松解了围,也显示了他的大度。

  当局面趋于紧张时,可以用自贬的笑话令气氛变得轻松。

第四章 职场篇：幽默是缓解职场压力的调节剂

如何用幽默提高业绩

日本销售大师原一平曾说："幽默具有很强的感染力，能迅速打开客户的心灵之门。"销售过程中，若遇到客户的投诉或提出反对意见时，只要多加一些幽默，往往能化解客户情绪，为销售工作带来转机。"幽默"是业务员缓解销售紧张气氛最有效的方法之一。当客户产生抱怨时，如果业务员能运用合理的幽默加以应对，往往能化解尴尬，扭转局面，甚至获得意想不到的效果。

那么，在具体销售过程中，业务员到底应该如何将幽默运用到业务中来，提高业绩呢？

1．运用幽默语言需注意的问题

幽默感并非人人生来就具备，幽默也需要技巧。在练习幽默感的过程中，业务员需注意以下一些问题：

根据情况选择适合的幽默语言，注意客户的心态、喜好和场合。

避免油腔滑调，以免遭客户厌恶。

注意态度与气氛的和谐。

幽默取材忌粗俗下流，力求表达清新、高雅。

2. 用幽默化解危机

由于各种客观原因的影响，业务员难免会遇到销售危机，如客户要求退货、业务员约见客户时迟到等等。面对危机的产生，业务员不仅要知道如何解决，更要知道如何化解。而幽默就是化解危机最好的方式，可适时缓解与客户之间的矛盾、避免冲突的发生。

业务员小陈与客户约好第二天上午十点到客户那里洽谈产品事宜，但计划不如变化快，由于小陈有事耽误，所以他打电话告诉对方十点半才能到达，没想到又因路上堵车，于是小陈赶快打电话告知客户十一点才能到达。听到这个消息后，客户很不高兴地告诉他不用过来了，此外，也不会购买他推销的产品。

然而小陈还是赶到对方的公司，因为在他的眼里，生意还没有彻底结束。面对怒气冲冲的客户，他堆上满脸的笑，真诚地说："您好，我是XX公司的业务员小陈，听说您刚刚拒绝了一位业务员的拜访，所以我马上过来了，希望我们的产品可以让您满意！"

客户乌云密布的脸一下子放晴了起来，甚至忍不住笑了出来，在场的其他人员听了也是一阵哄堂大笑。此时客户问："那我们看看你的产品吧！"

3. 用自嘲的方式表达

在生意场上，自嘲同样具有举足轻重的作用，自嘲是有幽默感的人最常使用的一种说话方式，更是一种智慧的表现。适当的自嘲可以使个人的言语变得有趣起来。在销售工作中，业务员若能适时使用自嘲，不仅可博得对方一笑，也拉近了和客户之间的距离。

一位老师,虽然未到中年,但头发几乎已经掉光,每天顶着一个亮闪闪的脑袋上课。于是许多学生在背地里叫他"秃头老师",后来这位老师干脆在课堂上说:"其实我倒希望我的头发可以掉光,这样以后我在上课时,教室里的光线就会更明亮一些。"惹得班上同学一阵大笑,后来同学们都对这位老师尊敬无比,再也没有人叫他"秃头老师"了。

4. 用幽默缓解客户的情绪

当客户遇到麻烦时,通常不会有好情绪,这种情况下一定要十分注意,业务员若在这种情况下接触到客户,先别急着向客户发动销售攻势,或过于平铺直叙地回应客户,而是要适当地运用幽默感,先缓解客户的易怒、不稳情绪,然后再进一步采取有效的解决措施。

一名客户在自动提款机前取款时,结果因操作不当,银行卡被吞了,无法取回。于是她慌忙找到客服经理,焦急地说:"我的卡被吞了,怎么办啊!怎么办啊!"客服经理听后并未马上向客户询问实际情况,而是非常冷静地说:"哦,我说怎么早上发现少了一台机器,原来是被您的卡给吞了!"这句话一出,逗得客户一阵莞尔,气氛马上缓和了许多。接着,客服经理才开始向客户询问具体情况,并立即做出处理。

因为工作中会遇到各种各样的事情,所以一定要培养自己的幽默感,学会运用幽默这个有力武器来为自己争取到客户的合作。

| 幽默沟通的艺术

用幽默化解职场矛盾

　　幽默的语言能使别人开怀而笑，亦可使人怒气难生。其实在职场中，对我们的前途影响最大的就是领导了，如果能和领导面对面谈些俏皮话，博得领导的会心一笑，拉近同领导之间的距离，得到领导的认可和欣赏，那么你在职场中自然会如鱼得水，说出来的话也会相对有分量。

　　需要注意的一个问题，职场是一个与利益相关的复杂环境，很少有员工能完全支持领导的所有决定，多少都会有不满和怨言，如老板不近人情、太过苛刻、小肚鸡肠等。这种做法对双方的关系是极为不利的，难免有人会向领导汇报，那么你离被炒就不远了。

　　既然如此，你何必再发牢骚、抱怨、诉苦，不如让幽默成为你消气的"活塞"。用幽默化解你自己的怨气，用幽默拉近你与领导的距离。如果你细心观察，与领导因为工作或其他事情产生不合或矛盾时，那些聪明的员工总会利用幽默的方式去化解，让自己与领导的关系更亲密、更和谐。幽默在职场中有着不可限量的作用。

领导在公司里掌握着生杀大权，说话幽默，领导就会赏识你，器重你，你的前景也是一片光明。但在与领导一起幽默娱乐时，你得先做好自己的本职工作，甚至做得十全十美才行。如果一个人做不好本职工作，为公司创造不出效益，那你再逗乐，再幽默，恐怕也没有哪个领导会买账。

由于利益和目的的不同，我们与他人在观点和立场上难免会发生一些分歧，甚至导致冲突和矛盾的产生，但假如能够巧妙地运用幽默，就能够有效地缓解矛盾，将自己从对立的境地里解救出来。那么，如何用幽默化解矛盾呢？

下面我们来看一个例子：公司的一个部门经理职位出现了空缺，许多人都铆足了劲，为这个部门经理的空缺费尽心思，争得剑拔弩张，许多资历老的人甚至摆出一副志在必得的架势，没想到，这个头衔却最终落在了刚来公司不久的林南的头上。

大家都很不服气，"凭什么让一个刚来不久的毛头小子来领导我们。"于是，纠结在了一起，摩拳擦掌地打算在林南上任那天给他点颜色瞧瞧。

就职演讲一开始，林南先深深地鞠了一躬，然后开口说道："我能当上这个部门经理，皆是各位同事的功劳，全要感谢大家。因为大家都是一等的能人，据说升谁当经理，都显得不太公平。公司没有办法，为了避免不必要的争端，才决定选了我这个有傻福的人担任这个职位。这样大家就能继续为公司努力奋斗了。"

台下响起了一片笑声，林南接着说道："我这个傻人担当了这个职位，其实就像个蜡烛的芯，看起来最亮，又处在蜡烛的最高最中心。其实啊！这样最惨，总是承受着最高的温度，被烧得

113

焦黑、焦黑,你们看看我这么瘦,能烧几下啊?"

大家又笑了。林南继续说道:"其实,最重要的,是蜡烛芯自己不能烧,全靠四周的蜡油。如果没有蜡油,蜡烛芯也不过是一根普普通通的细绳而已。所以,拜托各位,我这蜡烛芯就全靠大家了,请大家帮忙,别让我烧焦了!"

一屋人都笑弯了腰,早就把对林南的敌对情绪和打算修理他的事忘到脑后了。一次可能出现的危机,就这样在一场幽默的演讲中化为乌有了。

对于敌人的攻击,幽默有着自我保护的作用;而对于别人的赞扬与批评,幽默有着平衡心态的作用。比如身居高位者,难免碰到自己受重视别人被冷落的情况,这种情况下,如果你是那个受重视的人,就应该施展手段,减少对方的敌意。适度地讲讲自己的丑事,诙谐幽默地"抹黑"一下自己,不失为一个好的办法。

威尔逊曾是美国新泽西州的州长,在一次活动中,他到纽约出席一个午餐会,主持人在向他人介绍他时,说他是"未来的美国总统"。这句话对于威尔逊来说当然是刻意的恭维,但是却让在座的其他人不知如何自处,很没面子,产生相形见绌甚至仇视之感。

场面顿时很尴尬,威尔逊想扭转这种局面,所有人也在等待他来扭转局面。他起立致辞,在几句开场白之后,说:"我自己感到我在某方面很像一个故事里的人物。有一个人在加拿大喝酒过了头,结果在乘火车时,原该坐往北的火车,却乘了往南的火车。大伙发现这一情况,急忙给往南开的列车长打电报,请他把名叫约翰逊的人叫下来,送上往北的火车,因为他喝醉了。

第四章　职场篇：幽默是缓解职场压力的调节剂

很快，他们接到列车长的回电："请详示约翰逊的姓，因为车上有好几名醉汉，他们都已经不省人事了。既不知道自己的名字，也不知该到哪去。'"

威尔逊顿了顿，又说："我当然知道自己的名字，可是我却不能像主持人一样，知道我的目的地是哪里。"

威尔逊幽默的谦逊，平复了众人不平衡的心理，使众人感觉摆平了面子，消除了敌意，带动了现场的气氛。

所以，为了应付这个世界，不管是为了自我保护，还是为了调节气氛，都请学会一点幽默的技巧吧。幽默巧答，灵活解脱，化解敌对情绪，不应该被认为是"耍滑头"。相反的，用幽默化解敌对情绪的敌意，让人与人相处更加融洽，交谈更加顺利，办事更加有效率。

在一个公司的员工表彰大会上，有一个环节是领导给优秀员工颁奖，当领导热热闹闹地给优秀员工颁完奖后，主持人脱口说出一句："请领导下台。"此言一出，场面顿时十分尴尬。那么这个时候该怎么办呢？此时考验高情商的时候就到了，这位主持人反应就非常快，直接加词说到："请领导下台……的时候注意台阶，咳咳...不好意思，感冒了，嗓子难受。"主持人说完这句话之后，矛盾是不是就轻松化解了呢？

有些人之所以在交际活动中陷入窘境，常常是因为他们在特定的场合做出了不合时宜或不合情理的事，于是就出现了尴尬的场面。很多时候，我们是无意间或者无意识制造了这些尴尬局面。在这种情形下，最有效的方法就是打圆场，换一个角度或找一个借口，用合理的解释来证明对方有悖常理的举动在此情此景中是正当的、无可厚非的和合理的，这样一来，对方的尴尬解除了，正常的人际关系也能得以继续下去了。

另一个故事里，小李想跳槽，费了半天把最新的简历写好了，却一不小心把简历发给了老板，并且他完全没注意到，甚至还补充说道："我想让你帮我看看简历写的如何？"当他发现为时晚矣，覆水难收。这个时候怎么办？是不是特别的感觉如果不尽快做出解释，即便是跳进黄河也洗不清了。

小李就很机智的告诉老板：我想升职加薪，请求加薪，做XX岗位负责人。老板回复到：不错，有上进心，你写一个项目运营计划吧，合适了就安排你竞岗。怎么样？歪打正着，通过一句话很好地化解了尴尬！

在生活中和职场中，我们会遇到各种各样的尴尬局面。遇到不同的情况也要做到具体分析，高情商也不是短时间内就可以修炼成的。需要时间的积累和生活的打磨，在平时多看看比较欣赏的领导的做事风格和高情商的故事也许会有许多的收获。

人非圣贤孰能无过，生活中我们总是容易因为各种各样的情况，有的是自己造成的，有的是别人引起的，面临尴尬的局面。这时候，我们可以以一种幽默的方式来缓解尴尬，而不是冷眼旁观，甚至是抓着别人的错处，加以宣扬。帮人亦是帮己，帮他人化解尴尬，既能让人挽回面子，又能让他人记住我们的好意，在之后提供一些力所能及的便利，让工作更加顺利。当然，在不适合声张的情况下，我们就要学会保持沉默，减少别人的不自在，让事情能快速的过去。

尴尬局面考验的是人的反应能力和幽默能力。其实，想要缓解职场中遇到的各种尴尬，最好的就是采取幽默的方式去解决。没有人不喜欢幽默的人。尴尬来临，冷静，镇定是一种能力，幽默是一份技术。幽默需要灵机的大脑和一定的学识,不是说来就能来的,他是一个人涵养、素质、眼界、知识储备、诙谐能力的综合表现。也就要求我们多读书,多学习。重要的还是需要自己把眼界提高一点,就想自己现在看小时候尴尬的事情,或者经历了好多次的事情再发生也是一样。只要你自己看得开,好多事情都无所谓的。那个时候,发自内心的坦然会让你轻松面对。

|幽默沟通的艺术

幽默的领导最容易俘获下属

幽默的人更容易成为一个好领导。领导者可以借助幽默的力量,改善自己在下属心目中的形象,使之更加具有人性化,也可以增强自身魅力,实现有效领导,得到下属的拥护和支持。即使不幸要面对事业的失败,幽默也能开阔领导者和员工的心胸,在挫折和困难中获得快乐。让整个团队有积极的心态面对艰难挑战。

幽默在领导过程中的作用表现在哪几个方面,我们一起来细数:

1.幽默能够使领导化解尴尬,摆脱困境

领导者在日常的工作和生活中,难免会遇到尴尬的情况,如何幽默面对、风趣应答,是领导者要面对的第一堂课。

为连任美国总统,里根在与竞争对手蒙代尔事关成败的第二轮电视辩论中,以一个风趣而完美的回答再次赢得众人的支持。

记者特里惠特问:"总统先生……在我们国家的历任总统当中,您已经是最老的一位了,您的一些助手甚至说,在最近几次与蒙代尔的交锋中,您感到力不从心。我记得,在古巴导弹危机的关键时刻,肯尼迪总统可以连续几天不合眼,展现出了一个领导人面对困局的决心。难道您不怀疑自己的能力吗?"

这句话的言外之意是,您不觉得自己已经过了当总统的年龄吗?

里根笑了笑,说:"我要让你知道,在这次竞选中,我不会把年龄问题作为争论点,而且我也不会为了政治目的而去揭露对手的年幼无知。"

话音刚落,大厅里爆发出一阵笑声,接着是热烈的掌声。

里根总统的巧妙回答,使自己绝处逢生,化劣势为优势,扭转了局面,也表明了自己的宽容大度和从容不迫的心态,他的幽默和睿智赢得了选民的心。

在管理中,难免会有尴尬意外的情形出现,领导者如果言辞激烈,结果可能会弄巧成拙,使自己变得被动;反之,领导者若能在适当的时机幽默一下,不但能尽快地解决问题,掌握主动权,还能融洽人际关系。

2.幽默能够更好地进行批评教育

领导在工作过程中,难免会遇到下属做错事情或有些工作没有很好地完成。这种事情如果处理不好,将是非常麻烦的事情。这时,领导者应该怎么做呢?

某公司有位职员酷爱赛马,这一天刚好是赛马的日子,上班前他特意打电话给他的经理请病假:"经理,我感冒了,想跟您请一天假。"经理知道今天其实是赛马的好日子,也知道这位职员有赛马的嗜好,就回答他说:"哦,感冒了,那你一定要好好休息休息,还要记得及时去看医生。""好的,谢谢经理的关心，我一定会去看医生的。"职员的语气中立马充满了喜悦和兴奋，他为自己的谎言能骗过领导兴奋不已。他刚想要挂掉电话，就又听到经理说道："对了，我还有一点要提醒你，出门时，千万不要生龙活虎地被同事们看到，还有下午别忘了打电话告诉我今天赛马的结果。"

经理运用幽默的方法进行批评教育，能收到事半功倍的效果，既可以达到批评的目的，又不至于伤了下属的自尊，还可以融洽双方的关系。这为他以后的长久发展是有很大好处的。

然而，幽默批评还要防止进入另一个误区：微笑地面对错误并不是姑息，幽默的批评也不是讽刺。幽默批评能消减谈话双方心理上的不平等性，引起被批评者对错误的注意和接受，而讽刺是带有一定程度的嘲讽，是一种人身攻击。

3.幽默能够有效地激励下属，获得好人缘

在飞速发展的二十一世纪，职场带来的工作压力越来越大，要处理的关系也越来越复杂，同事之间、邻里之间、朋友之间以及家人之间，我们每时每刻都会面对数不清的烦恼，幽默是人际交往的润滑剂，是一丝暖暖的春风，领导者要善于运用幽默，适时激励下属。

著名足球教练罗克尼，就是一个善于用幽默激励队员的人。有一次球赛，罗克尼执教的诺特丹足球队在上半场输给了对方7分。如此下去，球队必输无疑了。可是他在休息中一直与队员们开玩笑，直到要上场进行下半场的比赛时，他才大喊："听着！"队员们惊慌失措地望着他，以为他要把每一个人都骂一通，每个人都十分紧张。但是罗克尼接下去说："好吧！小姐

们，走吧。"

没有责备，没有做事后诸葛亮，也没有强调下半场应该如何踢球。罗克尼的乐观幽默，使队员们克服了心理障碍，创造了一个胜利的奇迹。在面对记者采访时，罗克尼对记者说："不是我赢了，而是我的趣味思考法赢了，我知道如果我们精神上赢了，那么我们的球队也就赢了。"

用幽默激励下属，是一种化困难为动力的方式。不仅能提高员工的生产效率，而且员工也会产生一种对企业的归属感，而这种归属感就是生产效率的源泉和动力。作为领导者，我们只有取悦了下属，让员工微笑起来，才能让他们努力工作，也才会把这种微笑传递给顾客，最终让股东微笑起来。

幽默不仅能化解工作中遇到的一些困局，还能缓解下属的工作压力，减轻领导者的疲劳，振奋其精神。幽默也能使人开怀大笑，改变心境，使下属时刻保持积极乐观的精神，以百倍的信心面对工作，以良好的状态创造佳绩；幽默可以营造欢娱快乐的交际氛围，使领导者在社交活动中能广结朋友，获得更多的合作机会。幽默能激发领导和下属的创造力，诸如此类。幽默的作用还有很多，我们就不一一列举了。

幽默是现代人类常用甚至必备的交流技能。作为现代政府、企业或其他社会组织的领导者，不但要知道幽默是一个全新的领导法则、一种新兴的管理方法，还要认识到幽默作为企业文化的重要性，领导者只有意识到幽默对领导、对下属、对公司的作用，才能在管理中真正地实现幽默领导。

| 幽默沟通的艺术

让对方掉入"幽默陷阱"

在谈判中,一味地用和气、温柔的语调讲话,一个劲地谦虚、客气、退让,有时并不能让对方信赖、尊敬及让步,反而会使一些人误认为你必须依附于他,或认为你是个软弱的谈判对手,可以在你身上获得更多更大的利益,这样的谈判态度也是幽默谈判所摒弃的语言风格。

退让有度,声东击西,是幽默谈判技巧的重要方法,避开正面,以后退的姿态从侧面予以回击,即是一种更加含蓄迂回的幽默技巧。目标向东而先向西,欲要进击先后退。在利用幽默的语言来回击或反驳一些错误观点的时候,这种技巧的运用特别有力。

从人的心理来看,也是极为可取的一种幽默方法。爱面子是人皆有之的自尊心的表现,出门在外,人活着需要面子上过得去,如果在语言或行为上直接损伤了对方的面子,那么即使这个语言或行为是善意的,对方也难以接受,而采用声东击西法就可以避免这一点。作为一个智者,尤其作为一个大幽默家,他们的话大多属于声东击西法的典型,而且显得十分幽默。

王军应谈判对方之邀参加酒宴,谈判方很吝啬,仅仅招待了

第四章 职场篇：幽默是缓解职场压力的调节剂

他几滴白酒，王军没有责问，而是选择先默默承受。直到临走时王军对那人说："劳驾你，请在我的左右腮帮上各打一记耳光吧。"那人很是奇怪，问什么原因，王军说："这样的话，我脸上通红，领导才知我在你这里吃饱喝足了，否则，不好交代啊！"

这位吝啬的谈判方也觉得不好意思，便拿出一个很大的酒杯，可倒酒时仅盖上杯底。王军再次被对方的吝啬惊到了，犹豫了一下，王军向谈判方要一把锯子，那人更奇怪了，询问原因。王军回答说："我是想把这杯子无用的上半部锯掉。"

王军面对谈判方的吝啬不好直说，转弯抹角，声东击西，几句妙语实在值得玩味。既表达了自己的不满，也讥讽了谈判方的小气。

软硬兼施的声东击西法在不少场合都可以见到：明是说罪，暗里摆功；明是说愚，暗甲表忠；明说张三，实指李四；欲东而西，欲是而非；敲山震虎，指桑骂槐，含沙射影等等，都属于这一类。这种幽默地表达方式，即避开了可能出现的言语冲突，又能将自己的意思表达清楚。所以，在日常的生活中，这种声东击西法的幽默技巧也可以诙谐地加以运用，以产生强烈的幽默效果。内心里想要拒绝，表面上却装出一副答应的样子，然后借机摆列出自己所遇到的难度，让谈判对方自己松懈下来。

相反，如果你一开始就以较强硬的态度出现，从面部表情到言谈举止，都表现高傲、不可战胜、一步也不退让，那么留给对方的将是极不好的印象。对方很有可能以其人之道还治其人之身，用相同的方式来对付你。这样，会使对方对你的谈判诚意持有异议，从而导致失去对你的信赖和尊敬。

| 幽默沟通的艺术

但是,声东击西法要取得好的效果,取决于听众的静心默思,反复品味。因为这种幽默技巧的特点是:你想表达的思想不是直接表达出来,而是以迂为直,被埋藏在所说出来的后面。听众在听完话之后,必须有个回味的时间,才能体会出个中的奥秘,产生幽默风趣的情绪。

幽默助你成为销售冠军

任何一位精明的导购,要想在市场上来往穿梭,游刃有余,不仅要有良好心态、专业知识、专业技能,还要有幽默的语言和幽默的动作,让顾客在欢笑中喜欢你,接受你的服务;让顾客在快乐中欣赏你,购买你的产品。当然导购的幽默不是为了幽默而幽默,所说的故事、所讲的笑话、所表述的语言都应该有的放矢,这样有助于吸引顾客,让顾客对你推销的产品感兴趣,对我们的服务感到满意。销售所做的事情其实是在与陌生人交流的时候,如何拉近彼此的关系,让对方感到舒服,以此帮助交易的达成。

那么,在推销过程中我们应该如何应用幽默语言?笔者认为在以下几个方面可以使用幽默语言进行推销。

1.利用幽默语言打开话夹

万事开头难,开好一个好头,如何说出第一句话,利用幽默语言打开话夹,往往在销售中可以起到事半功倍的作用。一位刚毕业的男大学生去超市推销卫生巾,他见了客户总是难以启齿。眼看着他不能胜任这份工作了。后来一位智者点拨他,他再次见了客户，直接跟客户说："各位女士/小姐，你们见过男人销售卫生巾吗？"客人摇摇头："没有。""我今天就要让大家看看男人是怎么样卖卫生巾的。"业务员一边问一边走近其中一个妇女："你看看这种卫生巾与你们平常使用的卫生巾有什么不同的？"

有一位长得一般的导购，他的长相经常能引来别人的侧目。每次遇到陌生人眼盯着他看的时候，他总是微笑地开口说"你们见过长得像我这么丑的导购吗？"利用自嘲的方法打开话夹。这样一来，客人和其他人也就不太注意他的"丑"，而是听他介绍产品。

据说美国有一个导购在向女主人推销吸尘器时，他当着女主人的面把一袋木屑倒在了地板上。"你必须把地板打扫干净"女主人说。"当然，夫人，如果我的吸尘器无法打扫干净，我就用舌头把它舔干净。"导购想用这种方式证明自己的吸尘器非常优秀。结果，女主人说："好啊，请吧，不过我要告诉你，今天停电了。"

所以，利用幽默语言打开话夹也要注意对象和场合，不是所有人都喜欢幽默，特别是初次接触的客人。比如一位推销DNA检查的导购见到准客户就说："你知道你爸爸是谁吗？"客人很愤怒："很幽默吗？神经病！"

2.利用幽默语言消除顾客尴尬

销售过程中，经常会遇到一些场面会引起客人尴尬。其实在销售这份工作中，遇到尴尬的事情是很常见的。如何消除客人的尴尬是一种艺术，使用幽默语言往往能起到事半功倍的作用。

例如：一位女客人带着像她爸爸那么大年龄的新婚丈夫到服装店去买衣服，女店员介绍了一套西装衣服给男客人，说这套衣服很适合这位女客人他爸爸穿，女客人听了这话很尴尬，没有说话，脸红红地盯着这位女店员。场面一度陷入尴尬。另一位女店员看见此情景，知道自己的伙伴说错话了，连忙拉开自己的伙伴，搭话说："小姐，你看这位先生穿上这套衣服，很精神、很有品位，也很般配，与你就像总统配上总统夫人一样！"这个女客人看见女店员这么一说，不但化怒为喜，还跟女店员说："你真幽默，我不买都不行了"。

还有一个故事，在一家鞋店里，一位像农村女学生模样的客人在看一款价值3000多元的女鞋。店员走过来，说："小姐，这款鞋挺不错的，就是贵一点，要3800元。"女学生一听这话，觉得挺不爽的，心想："难道我没钱买吗？"脸一下子红了起来，虽然她觉得鞋子很漂亮，但是店员的态度让她很不开心，就把这鞋放了下来。这时候，店长看见情形不对，立马走过来解围："其实我觉得价格是次要的，关健是合不合适，就像大家都觉得谢霆锋很好，但他不适合做我老公呀，你说是吗？我觉得这款鞋挺适合你的，配你这身打扮很像一个白雪公主！"女学生见她这样一说，回了一句："就是！"然后买单走人。

3.利用幽默语言引导顾客购买

每一个店员都比客人了解商品，也更了解每个人不同的需求。在销售的过程中，我们应明白，顾客是靠我们去引导的，顾客不是专家，他们没有销售人员专业，特别是对商品的认识，对商品的特性、商品的使用方法等等，都要销售人员去讲解和引导。

记得两位在门店推广可湿水面巾纸的销售员，他们就是用幽默的方法引导消费者购买的。

他们在门前大声喊："来了，你们看看，谁敢在脸上画上一笔，我们送纸巾一条。"喊着喊着，很多顾客都过来看热闹。"你们敢不敢试一下？"，一边喊一边在拿出大头笔等道具。其中销售员甲在销售员乙脸上用黑色大头笔画了一个苹果的图案，然后对顾客说："他说他敢，你们看看。"然后，对着旁边的一位小伙子说，"能用纸巾把它擦掉吗？"小伙子摇摇头。

这时候，销售员甲自己拿出一包一般的纸巾在乙脸上擦，但怎么擦还是擦不干净，那副苹果的图案还是原封不动的留在了脸上。她微笑着左顾右盼，一副无可奈何的样子。接着她又喊道："谁有办法？"

这时候，旁边一位美女递上一包可湿水的纸巾，销售员甲拿着这包纸巾高高举起来："大家看看，大家认真看看，美女说这包纸巾可以擦干净，你们信不信？"他一边喊叫一边拧开一瓶矿泉水，在纸巾上倒水，待纸巾完全湿透，再在乙脸上轻轻地擦了几擦，笔印完全擦去，还擦得干干净净。

4.利用幽默语言促使顾客成交

越接近成交的时刻，越容易出现变数，成交是销售过程中的临门一脚，成交首先源自商品和服务，但在同样的情况下，成交的快慢或者成交与否很大程度上取决于销售员说话的艺术。幽默语言就是一种很好促进成交的语言艺术。一个年轻小伙向一位老人家推销放大镜，眼看就要成交了，但老人家忽然看到小伙子手上有一块刺青，老人立马说不要了。小伙子眼角瞥见老人看到自己有刺青才说不要购买的这一举动，弄清楚原委之后，小伙子灵机一动，找到了应对之策，他说："低价未必没有好货，就像我手上有刺青一样，有刺青的不一定是流氓，他可能是岳飞。"见到小伙子这么一说，老人家竖起大拇指，连说："小伙子不错，我买了！"

幽默语言是一种特殊的语言艺术。它是人们适应环境的工具，是社交场合的润滑剂，是人类面临困境时减轻精神和心理压力的方法之一。俄国文学家契诃夫说过："不懂得开玩笑的人，是没有希望的人。"可见，生活中的每个人都应当学会幽默，也应该为别人带来幽默快乐。多一点幽默，少一点苦闷；多一点幽默，少一点偏执。幽默可以淡化人的消极情绪，消除沮丧与痛苦，为别人带来欢乐。化解尴尬与矛盾，让生活工作都更加顺利。具有幽默语言的人，生活充满情趣，会使人感到和谐愉快，相融友好，销售也自然成功。那么，怎样培养幽默感呢？

扩大知识面。幽默是一种智慧的表现，它必须建立在丰富知识的基础上。 个人只有有广博的知识，才能做到谈资丰富，妙言成趣，从而做出恰当的比喻。因此，要培养幽默感必须广泛涉猎，充实自我，不断从浩如烟海的书籍中收集幽默的浪花，从名人趣事的精华中撷取幽默的宝石。

幽默是一种乐观的情绪，因为幽默的人往往都是从乏味甚至尴尬的局面中找到幽默元素的。幽默是一种宽容精神的体现，要善于体谅他人，要使自己学会幽默，就要学会雍容大度，克服斤斤计较，同时还要乐观。乐观与幽默是亲密的朋友，生活中如果多一点趣味和轻松，多一点笑容和游戏，多一份乐观与幽默，销售过程中就能站在对方的立场去考虑问题、思考对方的需求和欲望，也会慢慢地培养出幽默感。

　　真正的灵活运用幽默是一件需要时间培养的事情。锻炼观察事物的能力和培养机智、敏捷的能力，是提高幽默的两个重要方面。只有迅速地捕捉事物的本质，以恰当的比喻，诙谐的语言，才能使人们产生轻松的感觉。当然在幽默的同时，还应注意，重大的原则总是不能马虎，不同问题要不同对待，在处理问题时要积极灵活，做到幽默而不俗套。让自己的幽默充满睿智和雅致。正如康师傅销售人员推销快吃面一样："你们知道最有魅力的人是谁吗？是康师傅，每天都有成千上万的人在泡他！"

第五章

约会篇：成功的爱情需要幽默智慧

用幽默拯救"表白死"

表白是指向女生表达你对她的兴趣,算是一种兴趣声明。明确地告诉对方,你对她有好感。同时表白也是关系升级的一个转折点,因为你想要对方接受你,所以表白的目的是告诉对方你对她有兴趣,同时最好能让对方也对你产生兴趣。这样就可以合理化双方的关系了。

表白在整个关系升级过程中是重要的环节,如果没有这个环节,女生会对你的发展意图感到迷惑,对你的兴趣产生怀疑。

"表白死"的陷阱

关系升级有个必须的前提条件,是你们相互有一定的吸引和可得性,如果没有这个前提肯定会迈入"表白死"的陷阱。表白死是指:男人向女人表白后,被女人拒绝,从而令关系急转直下,吸引和舒适感锐减。

表白死源自两个因素:

1.相互吸引或可得性不足,你表现出的热情对方感觉不够,或者对方对你的兴趣不大;

2.给予了对方过多的压力,让对方需要一下子承担起具有排他性的恋人角色，让对方在面临没有预期的情况下感到不舒适。

传统表白方式的问题

在传统思维里，表白是向女生表达自己的兴趣，这种兴趣通常是用一句"我爱你"或者是"你可以做我女朋友吗？"来表达。如果对方接受你的表白，那代表她需要承担起恋人的角色责任，但在对方还没有准备好的情况下，这样的表达会形成太大的压力，所以女生会本能地拒绝来逃避这种压力，避免这个责任。这也说明了为什么很多男人在表白这一环节掉链子，掉进表白死的陷阱。所以，为了顺利地表白，要在表白的过程中或表白前消除这份压力。

表白阶梯

你必须学会不同方式、不同程度的表白，避免女生拒绝你以后就不能回头的尴尬。

表白遵循着"表白阶梯"的原理，由浅至深的让女生慢慢接受你对她的兴趣。对女生的兴趣声明，不一定一张嘴就要说"我爱你"，开始可以由隐晦的声明来代替，如"你眼睛很漂亮""我觉得你是个心地善良的女孩"等是比较浅层的兴趣声明。用含蓄的语言表达你的心思，像探路一样，慢慢观察对方的反应，它不会给女生造成任何的压力或者尴尬，也就是你对她的称赞也算是兴趣声明的一种。相对比浅层的兴趣声明，像"其实我觉得你是个吸引人的女孩""我觉得你性格挺好的，我比较喜欢性格好的女生"会表达出你对女生更多的兴趣。至于"我喜欢你""做我女朋友"一类的兴趣声明，是最明确的表达，这是"表白台阶"最顶层的表白。兴趣声明的直白度是根据女生被吸引程度而决定的，如果对方还未被你彻底吸引，切记不要用太直接的方式表白；如果女生完全被你吸引，你可以运用最明确的表白方式，表达出你的爱意。这会让你们的关系迅速得到提升，但一般情况下都不建议对女生表达最明确的兴趣声明。最好是先用试探性的语言，为你们俩人培养感情。

逆向表白

逆向表白是指说女生对自己感兴趣来表达你对她的兴趣声明。它的原理是预先假设女生的兴趣意向，再补充一个让对方合理化思维的理由。"其实我觉得你挺喜欢我的，或者说你并不讨厌我，我相信你不会跟一个你讨厌的人见面。"就是很好的一个例子，当然这里的前提也是女生不讨厌你被你吸引。

在掌握了告白的逻辑关系之后，我们就要开始具体地讲解告白的方法。真正地让告白为我们所用。

真爱不是每一个人都能得到的，它往往需要经历种种挑战和磨难才行，而爱情的表白无疑是爱情初始阶段的最大挑战。爱情的表白是因人而异的，如有的人热情奔放，往往会采取直截了当的表达；有的人害羞胆怯，表白方式含蓄耐寻；更多的人则是内心忐忑不安，犹豫不决。那么，如何很幽默的表白呢？

幽默表白是为了提高表白的成功率，为了成功率可以做很多取舍，这不是一道既定的程序，也没有现成的话语可套，不过你大可运用幽默的沟通方式。幽默地表露自己的爱慕之情，常常会让人忍俊不禁，进而在轻松和愉悦之中欣然接受你的爱。是的，赢得爱情需要一颗真诚的心，一种诚挚的情，更需要机智与幽默的表达，制造出一种活泼宽松的交际氛围。这正如日本幽默家秋田实所说的:"幽默是爱情的催化剂,幽默可以让异性对你产生好感,拉近彼此心的距离。因为幽默的言谈最易激发爱的温柔。借助幽默,我们能让自己所爱的人感受到无比的幸福和快乐,顺利取得求爱的成功。"

一位男生看上了一位银行的出纳员,那是一个年轻漂亮、工作认真的女孩,他一直苦恼如何向对方告白。后来,男生想了一个好办法,他几乎每天都要到银行,只在女孩所在的窗口办业务,不是存款就是取钱。所谓一回生二回熟,当两个人渐渐熟悉起来之后,男生把一张纸条连同银行存折一起交给了女孩,女孩儿打开字条,瞬间怦然心动。"直到那时我才明白,他每天来银行都是为了我。"女孩幸福地与人诉说着,"而我无法抵制这诱人、新颖的求爱方式。"

男生在那张纸条上写着:"我喜欢你很久了,你愿意和我在一起吗?这段时间里,我一直储蓄着这个想法,期望能得到利息,得到你一点点的爱。如果你不是很讨厌我,这周六晚上,你能把自己存在电影院里我旁边的那个座位上吗?如果你没有时间,我把它安排在星期日。不论贴现率如何,做你的陪伴始终是十分愉快的。"女孩愣了一会儿,随即欢悦地答道:"我们可以试试呀!"

枯燥的银行业务知识被这个男生作为求爱的工具,幽默风趣、含蓄委婉,又耐人寻味。与如此浪漫机智的男生在一起,女孩的幸福可想而知。所以说,幽默绝不仅仅是幽默那么简单,一个得体的幽默别人能从中看到很多积极的信息,因为幽默是一个人各项素质的集大成表现。在表白的过程中,幽默往往能巧妙表达自己的爱意,以最快的速度抵达人心,去打动对方的心,使人在欢笑中体会到深沉的爱,这就是幽默的奇异效果。美好的爱情可遇不可求,一旦双方关系发展到一定的程度,你就要学会抓住机会,幽默表达内心深沉的爱意,使对方意识到自己的感情,然后寻找机会,使双方的关系得以升华。这样,一段美好的恋爱才不会因为表达的问题而错过。一个不争的事实是,当一方爱上了另一方并深知对方也爱自己,但又怯于表达时,幽默的表达方式往往能点破玄机,推波助澜。

所以,如果你有了自己心仪的对象,不要担心自己没有足够的本事,更不要担心遭到对方的拒绝。你首先要勇敢,让自己的内心变得强大,你不妨也在告白的时候运用幽默的语言,久而久之,对方一定会被你的幽默感感动和征服。退一步说,即便你不能情场得意,至少,也不会给以后的交往造成障碍,还可以保留一份美好的回忆。

第五章　约会篇：成功的爱情需要幽默智慧

幽默的女人更易俘获男人

桑青身材和长相都很一般，但老公却长相英俊，事业有成。两人的婚姻一度不被人看好。

情人节当天，办公室十几位女同事，唯独桑青收到老公送的玫瑰花。看桑青捧着玫瑰笑得灿烂，同事们都在心里感叹：唉，真是萝卜青菜各有所爱啊！

也有好事之人问桑青的老公："你到底喜欢她什么？"回答说："说不上来，就是和她在一起吧，觉得特别轻松、特别快乐。遇到开心的事、不开心的事，第一时间都会想到她。平时在生意场上很累，但只要回家和她待一起，什么烦恼都能放下。"

两个人在一起，哪怕一件家常小事，到了桑青这儿，也会变得很有趣味。

比如桑青和老公都酷爱看影碟，两个人经常躲在被窝里看影碟，但每到换碟片时就很痛苦，尤其是冬天，谁都不想从被窝里钻出来。这时，桑青就会装睡着，还发出轻微的鼾声，老公看到桑青睡着了，只能自己下床去换，可是一等到碟片进仓，桑青立马"醒"了过来，还装出一副懊恼的样子说："怎么了？怎么了？要换碟了？你看你，也不说一声，我来换就好了嘛！"数次之后，老公慢慢发现她的"诡计"。再到换碟时，老公也赶紧装睡，打算用彼之道还于彼身。这之后，每次换碟时，两人就会不约而同地头一歪装睡。这情景实在是太搞笑了，于是他们又一起大笑着"醒"过来……

平时生活中也不是没矛盾，但每次出现问题，桑青都能够用幽默来化解。

有一次，老公的弟弟带着侄子来北京玩。老公在阳台上放了一个塑料游泳池，接了自来水一桶一桶往里灌。按理说，灌个三分之二就足够一个小娃娃玩的了，没必要灌满，而且水太多也比较危险。可是老公不肯，还埋怨桑青小气："怎么，我侄子想玩玩水还不行啊？你也太抠了吧？"桑青心里很不高兴，但如果不让老公灌，势必要吵起来。于是她抱起小侄子，说："看你伯伯把你想象的有多天才，第一次游泳就让你直接进入深水区，连个缓冲期都不给。"老公听了这话，"扑哧"一下笑了出来，不好意思再灌水了。一次潜在的小争吵，瞬间就变成了小幽默。

除了这些，每次他遭受重大挫折，桑青总能以幽默来激励和陪伴，更让老公觉得桑青是不可多得的宝贝，让他一下子能够放宽心，觉得："也是，没那么可怕嘛，都能过得去！"

比如，有一回老公和朋友开车出去玩，车在路上突然冒起了浓烟，老公连忙去查看，没想到一股明火突然冒出来，烧伤了脸部。送到医院后，医生说可能会因此留下疤痕。听到这个结果大部分人都会伤心落寞，老公忧心忡忡地说："完了，这要破相了啊！"桑青却笑嘻嘻地说："没事儿，如果留下疤痕的话，咱们就去文身店，让师傅给你那道疤痕加工一下，加工成S，这样谁见了都知道你是我桑青的男人！"一句话就将老公给逗笑了。

又比如，前一阵子桑青老公的公司遇到经济危机，麻烦接连不断，公司已接近破产的边缘。老公为此很焦虑，回家来向桑青诉苦，没想到桑青双手一拍："破产好哇！你不老是说想过田园生活吗？我老家还有两亩地呢，够养活咱俩了。但有一条，你到时候得开一个新闻发布会，向大家说明破产是由你自己造成的，不要像钟镇涛似的，明明自个儿破产了，却说是因为前妻挥霍无度。我可不想担上'克夫'的恶名！"本来很伤感的一件事，桑青却能用豁然的态度来面对，这样的女人怎能不让人暖心。老公一听这话，也笑了起来："都这时候了，你还想着这个？"后来，当然老公的公司没破产，但他们之间却多了一个笑料，每次桑青想买什么，老公就在旁边"捣乱"："我要破产啦，你要成章小蕙第二啦！"

闺蜜也好奇地问桑青："你老公这么出色，担心不担心他移情别恋啊？"桑青说："不怕，我相信我老公的智商，这年头最不缺的就是美女，但是能随时随地让他放松和快乐的女人，可不是那么容易就能找得到的哟！"桑青的话无比正确，好看的皮囊好找，但是有趣的灵魂却难觅。把日子过得有趣，显示了桑青的智慧。而智慧背后，需要一颗豁达、包容、乐观的心。

这就是幽默在女人手中发挥的作用。幽默是一种沟通的技术，更是一颗豁达的心，幽默是智慧的体现。让我们的路越走越宽。无论你是男女，都好好掌握幽默吧，让你的人生更加丰富多彩。

幽默情话，维护关系的最佳方式

恋爱，能够使人的生命焕发出甜美的光芒，而恋人的笑则是恋爱中甜蜜的芬芳。要想让恋人如沐春风，不仅仅是需要玫瑰花，还要有你幽默睿智的情话。

处于热恋中的情人，彼此之间时不时地说点幽默情话，不仅能加深彼此的感情，还能为爱情保鲜，从而营造出轻松愉快、富于情趣的爱情生活。如果爱情有保质期，幽默就是它的防腐剂。

最近一段时间，女友发现男友做什么事情都心不在焉，忍不住想关心一下他。

女友说："亲爱的，你最近做事怎么总是心不在焉的，心跑哪里去了啊？"

男友说："你问我心跑哪里去了？你还真是健忘，你忘了上回我们约会的时候，你已经叫我把心交给你了吗！"

男孩话锋一转，便转到了另一个话题，不仅表达了对爱人的那份在乎，让对方觉得自己的重要，同时也巧妙地回答了她的问题。即使是面对沉重的话题，我们也可以用幽默稍微调节一下，让话题更顺利地进行下去。恋爱中的男女，只要我们挑动神经中幽默的这根弦，即可与恋人奏出一曲和谐的恋曲。如果我们足够幽默、足够风趣，我们就能让恋人陶醉在爱河之中，一起分享甜蜜的恋爱。

男孩和女孩在餐厅约会时，男孩一直盯着女孩看。

女孩有些不好意思地说："你在看什么呢？"

男孩很坦诚地说："你啊！"

女孩笑着说："每次聚会你都这样盯着我看，有什么好看的，不是一直都是那张脸吗？"

男孩笑着反问："你知道为什么吗？"

女孩一头雾水："不知道，为什么啊？"

男孩很认真地对她说："因为我的眼里只有你！"

试想，这样的甜言蜜语，怎能不让女孩子更加动心，怎么不让他们之间的感情火速升温。恋爱过程中，每个人都需要一份安全感，这份安全感来自对方对你的在乎程度。幽默地表达出这份在乎程度，对方也会更喜欢你。

恋人在相处的过程中，有时出于对对方的在乎，难免会问对方一些关于前任交往对象的事情。这时，如果你如实回答，会让对方心生醋意，影响交往气氛；如果说谎敷衍，又会让对方觉得你不够真诚。所以，不妨巧借幽默，既回避了正面回答，也愉悦了交往的氛围，化尴尬于无形。

一对恋人进入了热恋阶段。他们在公园里如醉如痴地拥抱后，女孩问男孩："我问你，别瞒着我，你必须如实回答。你在和我拥抱之前，你还跟谁拥抱过，有谁摸过你的头，揉过你的发，捏过你的脸颊？"

男孩笑着说："啊，这太多了，昨天，就有一个……"

女孩瞪大眼睛，忙问："谁？"

男孩幽默地说:"理发师啊,每个月我和理发师都得来这么一次呢。"

相信男孩如此机智幽默的回答,一定会让女孩打消疑虑,死心塌地地跟着男孩。

有的时候,面对男人的甜言蜜语或者明显的虚情假意,女孩子常束手无策或者疲于应对,但如果有了幽默这种武器,则可在爱情的交锋中占据优势,这样既可使对方的不实之词败露,也让对方感到你可爱、机智、风趣。

一个男人对女友说:"请你相信我,我真的很爱你。请你不要再怀疑了。"

女友反问他:"你让我怎么相信呢?你到底怎样才能证明呢?"

男人笑着解释说:"宝贝,我那纯洁的爱情只献给你一个人。"

女人又笑着追问:"那么,你想把那些不纯洁的给谁?"

女人根据男人话中的漏洞产生了幽默的灵感,从而为他们的恋爱生活带来无比的欢乐和情感。

我们都知道,爱情是自私的,恋爱是充满占有欲的,恋人的眼里容不得沙子。如果处理不好,就会使恋人的关系走向破裂。所以,在相处的过程中,我们一定要谨慎维护,即使是吃恋人的醋,也不妨用一种幽默的表达让对方知道。

一对恋人一起去参观美术展览,当他们走到一幅仅以几片树叶遮掩着私处的裸女像油画前时,男友很长时间没有挪动步子。

见此状,女友醋意大发,但这是公共场合,她并没有大发雷霆,而是走到男友的面前,挽起他的胳膊,亲切地说:"亲爱的，你在这儿站了这么久，是想等待秋天树叶落下来吗？"

男友这才感觉自己的行为有些不当，不好意思地笑了笑，立即随着女友走了。

在恋人之间戏谑式的亲昵也是常有的事，戏谑在情人之间多是一种无伤大雅的噱头，有时带点攻击性，但要把握好分寸，因为要使这种戏谑上升到幽默的高度却不是一件容易的事。因此，亲昵最好是幽默性的，这样才能充分地展现你的智慧和情趣，以期达到沟通心灵的目的。

一个女孩在公园里等待他的恋人。正当她悠哉地等待时，忽然，她的眼睛被一双手给蒙住了。接着，她听到了男孩的声音："猜猜我是谁？你有三次机会，如果三次你都猜不出来的话，你就得接受我的吻。"

女孩做思考状，试探地问："你是苏有朋？吴奇隆？不对不对，你一定是张学友，对不对？"

话音未落，她就迎上了男友的拥抱和热吻，感情急剧升温，两人沉浸在了甜蜜中。女孩故意说出三个错误的答案，留给男孩"可趁之机"，约会瞬间变得甜蜜了。

恋人之间适度互相戏谑，不仅能为平淡的生活增添情调，还能增进恋人之间的感情。

每个人都希望恋情甜蜜，但是，不是每个人都有条件在爱情中制造浪漫、渲染气氛。幽默有时可以代替风花雪月而达到浪漫的效果，并且它简单易行，操作方便，是给恋人留下美好回忆的最佳方法。

幽默拒绝表白，给对方留足情面

女生经常都会遇到被人表白的情况，但是面对一些喜欢你的人向你表白，又不知道应该如何委婉而不伤感情的拒绝，如果拒绝的不够直白的话，那个男生会认为还是有追到你的可能。所以如果你确实觉得和这个人没有任何发展机会的话，还是比较幽默委婉的拒绝吧！委婉地拒绝，既能拒绝对方，也能让尴尬的局面和谐的结束。

有一些女孩子，常常接到自己不喜欢的异性的求爱。这时，假如以幽默应对，就能达到既保全了对方的面子，又明确地表达了自己想法的目的。那么，拒绝求爱如何用幽默的话拒绝别人？

比如，有位打字员小姐，收到一封她不敢恭维的小伙子的求爱信，她拒绝了，可对方一如既往，继续写信。这样放任下去，问题是不会解决的。于是，有一天，这位小姐把这个小伙子的信重新打了一遍连同原信一起寄了回去，并附了一张条子："我全都替你打完了。"从此，小伙子再也不寄这种信了。

这位小姐巧妙地利用她的职业便利，幽默地回绝了小伙子的求爱，但又不使对方特别难堪，实在令人佩服。但拒绝也需要讲究方式方法，下面是一些幽默拒绝的具体方法：

1.异想天开法

什么事都是可能的，不过我总觉得我和你的距离隔地太原，就像隔了几条银河，几亿光年，如果你能越过这个距离，我才能和你在一起。

2.一拖再拖法

本周可能没有时间了，因为我平时晚上要上学，我从来不逃课的，业余时间要健身，白天要上班。等到下一周对方接着邀请你的时候，你再重复类似的话，几次之后，对方自然就明白你的意思了。

3.假传圣旨法

我家教很严苛的，家里人让我现在学业为重，不能把精力放在其他方面。而且爸爸说，男人一年一变样，三年大变样。奶奶说男人应该找本分，顾家，能赚钱的。我其实真的挺害怕谈恋爱的。

4.自我攻击法

我这样的人啊，眼睛里容不下沙子，因为小得沙粒也挤不进来。嘴巴大得气吞山河，声音粗得像路边的电线杆，脸大如脸盆，鼻子塌得像被压路机平整过，耳朵大得可以扇风。人已经胖得横行天下了，我这种女孩子啊，还是不要连累其他人为好。

5.吹牛法

你貌比潘安，富比石崇，才比柳永，诗比李白，词比苏轼，气比曹操。这样完美的男子，怎么可能属于我呢？我仰慕高高在上的你，我崇拜风度翩翩的你，可是我真的配不上你。

幽默地拒绝表白是方法，不太需要具体的逻辑性，重要的是表示拒绝，同时让场面不太难看，对方也有台阶下。同时，在面对不同的局面的时候，要视情况而定拒绝的方式。比如：

同事表白：大家都在一个公司里面做事情，不管对方的表白是否成功，你们还需要在一起做事，在一起合作，你对于对方的拒绝就要掌握一定的方法，在不得罪对方的前提下进行拒绝，你可以借口自己早已经有恋人了，你可以借口自己早已经准备结婚了等等，让对方放弃的同时，又不伤害到自己的面子。

朋友表白：朋友表白可以算得上十分难处理的尴尬局面了，如果处理不好，你将同时失去一个追求者和一个好朋友。如果对方一直是自己的好朋友，那么在对方表白的时候，你可以很清楚的告诉对方，自己更喜欢对方作为朋友的感觉，我们太了解对方了，这种熟悉让爱情不可能产生，这就是一个很棒的说法。我们只有亲情的存在，没有爱情触电的瞬间，这也是一个很棒的说法。

同学表白：自己的同学对自己表白了，也要谨慎处理，毕竟低头不见抬头见。而且你还要根据对方的性格来进行拒绝，承受能力强的你可以直接说，承受能力弱的，你可以不直接拒绝，只是慢慢疏远，不要因为拒绝而造成同学之间不愉快的事情。

上司表白：对于这种情况，你一定要在第一时间做出回应，否则你将后患无穷，你可以给出自己男友的信息，或者让男友来公司接自己下班，通过这些事实让上司知难而退。在语言方面一定要客气，你可以说自己配不上对方，或者可以为对方介绍更为出色的人，如果上司对于你纠缠不清，那只好做辞职的打算了。

这是几种经常遇到的你和表白对象的关系，处理这些表白的时候需要不同的态度，但一定要尽可能地幽默化，化尴尬于无形。面对不同的境况，选择不同的拒绝方法，你就能从容面对各种告白局面了。

第五章 约会篇：成功的爱情需要幽默智慧

用幽默缓解爱情中的摩擦

在这个人才济济的社会，很多人都为学业花了大量的时间，读大学，读研究生，甚至读博士。学习成本的提高，意味着恋爱成本和婚姻成本的减少，很多人都是在毕业之后寻找结婚对象，步入婚姻殿堂，继而开展一段崭新的婚姻生活。结了婚的男女，分别与昔日生活在一起的父母或同事、伙伴们分离开，双双住进了精心布置的新房，有较长时间生活在"两人世界"里。然而恋爱成本的减少，意味着展开婚姻后，会有很多经验上的不足。随着时间的推移，夫妻间生活习惯的不同、兴趣爱好的差异、脾气性格的矛盾便开始显露，这时便需要调整和适应。

美国一位心理学博士指出："在婚后第一年中，夫妻间的情话与讨好行动，都会比恋爱时下降30%，这一'冰河期'的到来，女方受的打击较男方要重些。如果女方不能正确认识丈夫的变化，那么，就常会以'找话茬儿'，来打破沉默。这只是女方激活两者关系的一种方式，并非心存恶意。这时，丈夫如不能正确理解，便可能回击对方，于是，争吵就发生了。"

据调查，在闹矛盾的家庭中，夫妻两人工作都很稳定，并很少出差者居多，这也很说明问题。婚前恋爱时两人在一起的时间有限,因此,亲密异常。婚后的适当分离,正是一种适当的调节。

我国台湾女作家罗兰女士说:"婚后的幸福只有一部分建立在婚前的选择上,婚前的许多判断决定不了婚后的幸福程度。大部分情况下,婚前的期望与实际情况有很大出入,所以婚姻的幸福或者维系需要靠婚后的努力,全凭日后你自己怎样去耕耘。"诚然,要浇灌出甜蜜的爱情之花,需要夫妻间双方的努力。爱情,永远是两个节拍的合奏。尤其是当夫妻双方产生矛盾和分歧时,艺术处理的方法之一是:丈夫或妻子应该静下心来倾听对方的意见,帮助其宣泄和疏导,并不时用幽默话语来打破生活的尴尬。或者暂时分开几天,让时间和距离来加深彼此的感情。

有一位已婚的朋友,计划来一次"千岛"旅行,他对这次旅行十分期待,但妻子却以太浪费钱财为由,拒绝了他的要求。这位朋友神情落寞。

次日,他当着妻子的面对来家里做客的朋友说:"我太太没说不准我去,只是她要我在每个岛上只能待一天。"他幽默地告诉了对方,妻子不允许自己去旅行,客人自然读懂了他的意思。妻子也被丈夫的幽默感动到了,于是同意了这次旅行。

婚姻生活中,其实非常需要幽默来调节可能变得乏味的关系。在一起生活的时间长了,彼此之间有一些抱怨是很正常的。但如果堆积了很多问题长时间得不到解决,必将影响夫妻之间的感情。很多婚姻其实并没有大的裂痕,往往是小的裂痕不断积累,最终造成了不可挽回的局面。所以我们要尽可能的用幽默来化解小裂痕。下面总结了一些夫妻之间随时都会用得到的幽默智慧,希望可以帮助大家用幽默来表达对对方的看法。

假如你的丈夫粗心大意、不够体贴：

太太："亲爱的，你还记得你打高尔夫击出三十五尺一杆进洞的那一天吗？"

丈夫："当然，应该是三年前的今天吧，那是我自打高尔夫以来最好的成绩了。"

太太："那你还记不记得那天你还领到了一张结婚证？"

假如你的丈夫漫不经心，不懂欣赏：

妻子："要是社区里举办个'认夫'比赛的话，我恐怕要抱着一个咱家的花盆你才能认出我。"

丈夫："哦，为什么？"

妻子："因为你看它的次数远比看我要多得多啊。"

听到这句话，妻子不要意思地笑了笑。

假如你的太太过于懒惰、疏忽大意：

妻子已经有两个礼拜没有打扫房间的卫生了。丈夫对妻子说："亲爱的，上星期你似乎很忙，如果这个星期你仍然忙的话！我还可以替你再做一周家务。"

假如你的太太脾气很坏、爱唠叨：

太太开玩笑地对丈夫说："你需要一个自动闹钟在早上叫醒你。"

丈夫回答："不，我们完全不必为此浪费钱财，只要你一醒来，屋子里就会充满声音，而且它们比任何一个牌子的闹钟都响亮得多。我想继续睡觉也是不可能了。"

幽默是一种情趣，是调节婚姻生活的一贴良药。幽默是一种灵活的表达方式，无论在何种情况下，家庭生活都很需要幽默来润色。如果能以幽默的方式代替责备，来表达对另一半的不满，就可以让对方了解到我们的想法，重新审视自身，改正错误，弥补不足，而不至于让生活中的小小波澜演变成狂风暴雨。

第六章

家庭篇：幽默让家庭充满温馨和笑语

06

|幽默沟通的艺术

一个家庭，至少需要一个幽默的人

前不久，某大学社会学系经过抽样调查，在家庭生活中家庭成员的情感交流缺乏幽默感的现象非常普遍。在那些被调查的家庭中，妻子认为丈夫缺乏幽默感的约占61.7%，丈夫则认为妻子缺少幽默的占80.4%，而子女认为父母毫无幽默感的达88%。也就是说缺乏幽默感是婚姻生活和家庭生活中非常普遍的现象。当然，存在这样的现象，是因为中国传统文化对夫妻角色、父母、子女之间的规范阻碍了家庭幽默气氛的产生，而家庭空闲时间的缺乏，以及家庭成员情感交流形式的单调和文化知识的水平限制等因素，也使得幽默难以出现在家庭生活中。然而夫妻相处的幽默很重要，它就像家庭里的鲜花，始终让婚姻生活保持鲜活的色彩。

常言道：家家有本难念的经。家庭矛盾几乎是每家必有的，哪怕就是三口之家，或者还没有孩子的两口之家，多多少少都会有一点矛盾，上有老下有小的就更不用说了，矛盾若不及时解决，就慢慢变成怨恨，最后只能分家了。其实很多开始的裂痕都是可以化解的，可能当时抹不开面子，对于一些看不惯的事情又不好意思开口，慢慢的裂痕越积越深，终究无法挽回了。其实当

第六章 家庭篇：幽默让家庭充满温馨和笑语

有问题出现的时候，用幽默来表达，既能避免争吵，又能解决问题，无疑是家庭和谐的重要能力。家庭是一个简单而复杂的社会群体，一般两口子赚钱，老人照顾小孩，年轻人回来照应老人比较合适。如果两口子又要工作又要带孩子，怕是两边都误了。所以不能总是想着分家，而是学会化解家庭矛盾，才能过上幸福和谐的生活。

一个幸福的家庭需要幽默感吗？看看下面的事例，你就会找到最终的答案。

驾车外出途中，一对夫妻吵了一架，谁都不愿先开口说话。长时间的沉默过后，丈夫打算调侃一下妻子，这样既不示弱，还能打破沉闷，一举两得。于是，丈夫指着远处农庄里的一头驴说："你和它有亲属关系吗？"妻子回答说："是的，夫妻关系。"在一个家庭中，夫妻吵架是一种普遍现象，上至伟人，下至普通人，都会如此。假如在争吵之时即兴说一两句诙谐的话，那就会让原本难堪的场面变得温馨起来。我们常说"夫妻之间没有隔夜仇"，其实，在更多的时候，是因为幽默的豁达消除了两人之间的隔阂。表面看是幽默，实际上是一种豁达的胸襟。夫妻之间的小吵小闹反而会拉近彼此的距离，同时还可以将内心不满的情绪宣泄出去。假如在这时以幽默对之，再加上机智的调侃，那会使双方的心灵得到净化，从而使得整个家庭更幸福。

"墨菲定律"也有这样一条："妻子永远是正确的，如果妻子不正确，请参考第一条。"其实我们都清楚，婚姻中是不应该过分讲究对错的，如果所有的事情都讲道理，这个婚姻恐怕是维持不下去了。对于一些无关紧要的问题，我们应该从容面对，一笑置之，让幽默取代这些不必要的问题。夫妻之间幽默的妙处在于可以恰到好处地表达自己怨而不怒的情绪。在这个过程中，有妻子对丈夫的抗议，也有丈夫对妻子缺点的抗议，而在幽默的问答中，不至于使对方恼羞成怒。可能是丈夫的无端猜忌，可能是妻子的唠叨，这些矛盾同样有可能发生在我们每个家庭中，有时却往往因为两三句出言不逊的气话加剧了彼此的矛盾。幽默就像一个随手可得的灭火器，它能消除摩擦的原因不仅仅是有趣，更重要的是它展示了你的胸襟。

杰克的妻子临睡前絮絮叨叨令他十分不快。一天夜里，妻子又唠叨了一阵之后，吻别杰克说："家里的窗门都关上了吗？"杰克回答说："亲爱的，除了你的话匣子外，该关的都关了。"虽然是冒犯妻子的话，但是妻子还是被这句话逗笑了，安静地一起睡觉了。

新婚之夜，新郎问新娘："亲爱的，告诉我，在我之前，你有几个男朋友？"没想到，他换来新娘一阵沉默。新郎想：生气了？过了片刻，他又问："你还在生气？"新娘笑着说："没有，我还在数呢！"

许多夫妻都有这样的经历，那些没有理由的争吵似乎经常发生，吵到最后，他们往往不知道自己为什么而吵架了。这就是矛盾升级的后果，开始只是一个小裂痕，谈着谈着裂痕越来越大，甚至把以前的旧账也翻出来。大有一种不吐不快的心情。有时候两个人之间的冲突一旦发生就会因愤怒而失去理智，甚至闹得不可开交。我们经常看到，看上去文质彬彬的两个人，经常会因为一些小事情在家里大动肝火，双方好像都失去了理智，专门说对方的痛处，唇枪舌剑，互相伤害。俗话说："忍一时风平浪静，退一步海阔天空。"多说幽默的语言，少生气，不仅对身体有益处，而且还可以增进彼此之间的感情，何乐而不为呢？吵架这件事本身是会慢慢积累的，而且不可消除，时间久了，感情也就没有了。

有一位老板收到了一盆仙人球，秘书问他是不是太太送来的。老板回答说是的，并解释说他俩大吵了一架，她可能是把这送来以表歉意。老板让秘书把卡片上的话念出来给他听。原来，那上面用很大的红字写着：坐在上面。一个幸福的家庭是离不开幽默的，家庭生活最需要幽默，而且家庭也是练习幽默的最佳场所，因为家人是最能包容你的，我们不要把好的态度留给关系浅薄的外人，而把抱怨和怒气留给家人。在家庭幽默中，我们要把握怨而不恨的情绪，在嘲讽中带着尊重和包容，那就一定可以取得预期的效果。

家庭生活中的幽默对家庭成员的影响是很大的，它使生活充满了情趣，缓解了矛盾，使人们的生活更加和谐融洽。使原本可能存在的隐患统统消除。夫妻之间的幽默是一种有安全感的表现，这会令夫妻双方都感到满足和愉快；夫妻之间的幽默是一种成熟人格的表现，轻松而不狂喜，遇险而不惊慌失措。这样的幽默可以使双方度过许多不顺心的困境，净化情绪气氛，消除郁积在内心的压力和紧张情绪，让家庭充满了欢乐、温馨、和谐。

幽默沟通的艺术

好老公的标准之一是具有幽默感

我们常说找老公要找好老公,那好老公的标准又有哪些呢?其实好老公的标准之一:幽默感。无论妻子是否幽默,都需要幽默感的老公,这样才能一起把日子过成一首歌。

1. 有幽默感的老公,可以轻松化解掉夫妻间的小矛盾

再完美的婚姻,也都免不了小摩擦、小矛盾,如果嫁个充满幽默感的老公,就不一样了。他懂得用逗趣的语言来化解掉不和谐,让夫妻感情越来越深厚,让原本就很幸福的婚姻变得更加幸福。

我同事昨天说她和她老公吵架,他老公一看情形不对劲,突然倒在沙发上,表情很痛苦,双手抱头说:"天啊,为什么我到现在还学不会和长得好看的人说话!"我同事本来还很生气,看到他这样,一下破涕为笑,心情大好。

这样一个有幽默感的老公,他的妻子会不幸福吗?他用幽默这个润滑剂把婚姻里的各种小摩擦都清除掉,妻子还没生气就已经被逗乐了,夫妻两人还能真吵架吗?对幽默的人来说,吵架的苗头甚至是加深感情的契机。

英国作家萧伯纳有个很形象的比喻："幽默像马车上的弹簧，没有它，人生路上的每一块小石子都会让你颠簸得难受。"

是的，我觉得在婚姻里也是一样，如果老公没有幽默感，夫妻在每一次发生矛盾时，都会感觉到剑拔弩张，而有幽默感的男人，面对家庭的各种小摩擦都能四两拨千斤地化解，找这样的老公，婚姻能不幸福吗？两个原本相亲相爱的人还会无缘无故地吵架吗？

2.幽默的老公，乐观地对待困境，对未来充满希望

婚姻里，有时候会出现困难，很多时候我们并不能立马就解决掉，妻子往往会比较忧虑，如果丈夫用幽默的方式对待困境，乐观地改善夫妻两人忧虑的情绪，会轻松自如地面对生活。

前两天，我妈妈把准备给弟弟交学费的两千块钱弄丢了，回家后情绪很低落，皱着个眉头十分自责，遇到这种情况我也不知道如何安慰，简单的说没事也完全起不到效果。结果我爸爸走过来端详着我妈妈，然后说道："哎呀呀，我终于想到一个惩罚蚊子的办法了！"我妈没好气地说是什么，我爸爸说"把蚊子放在你额头中间夹死！"我妈妈一听噗嗤笑了出来，原本焦虑的心情一下减轻了。

我想，如果我爸爸不懂得幽默，而是安慰我妈妈说不用自责，钱丢了再去挣，虽然我妈妈也能得到安慰，但却也不会像刚才那样把心结解开。幽默给原本无解的问题，多了一个解决思路，把一盘死棋走活了。

俄国文学家契诃夫曾说过："不懂得开玩笑的人，是没有希望的人。"因为在任何困难面前，有了幽默，让精神和心理得到减压,是一种"心理按摩",再大的困难都不能困住人,由此会乐观对待困境,对生活产生希望。

我一直坚信:嫁个有幽默感的老公,夫妻两人都变得轻松有趣,愿意为婚姻生活制造幽默的人,说明他是一个有心人,对婚姻和另一半更珍视。他生活中生出了一份慰藉,即使是片刻的轻松,也会像播放了一首充满希望的歌曲,鼓舞人心,由此拥有信念的力量,坚定地走下去,一起来面对生活的种种困境。

3.幽默的男人,让夫妻和谐相处,是长久相爱的基础条件

美国现代作家W.A.彼得森这样解读婚姻的艺术:"不要求对方十全十美,而要培养韧性、耐性、理解和幽默感。"

这是一句值得赞同的话,他把幽默感上升到了婚姻的核心要素之一,事实也确实如此。婚姻应该有充满幽默感,一个有幽默感的老公,能让婚姻这段长久的旅途变得生动有趣。

我爸爸就是个非常有幽默感的人,在家里,一件很普通的事情,被我爸爸用语言加工出来,就成了一个搞笑又有趣的事情,经常逗得我妈妈喜笑颜开,生活中的趣事比比皆是,我妈妈有时候想起来都会忍不住哈哈大笑。

所以这么多年了,我妈妈和我爸爸去哪儿都要一块儿,真是公不离婆秤不离砣。因为感到快乐,所以才会越来越离不开彼此。我妈妈对我爸爸也是赞赏有加,两人一年最多闹一次矛盾,农村里,这么相爱又和谐的可真是不多见。

我妈妈马上五十岁了,脸上都写满了岁月的厚爱,皮肤比同龄人都光滑细腻,我朋友都评价我妈妈是"爱笑的美女阿姨",我相信这是家庭充满和谐的力量。

由此我觉得嫁个充满幽默感的老公，夫妻可以在一种非常融洽的氛围里中，去交流去沟通，只有正确地交流方式，才会尽可能少地避免沟通出现的问题，才会让婚姻保持新鲜，让快乐充斥在小小却很温暖的家庭里面。生活不是单调和枯燥，而是像歌曲那般婉转动听，夫妻两人谱出和谐的乐章，让夫妻感情历久弥新，从而长久相爱。

我想说：婚姻的本质是两个男女一起搭伙过日子，是一场长久而琐碎的相处，如果嫁给一个有幽默感的老公，把单调的生活过成一首快乐的歌，夫妻感情将越长久越深厚。愿你将来能够找到一个充满幽默感的男人，两人携手步入婚姻，生活充满乐趣，把日子过成一首歌！

| 幽默沟通的艺术

幽默的婚姻生活，是最为优质的生活

　　茫茫人海中能够遇见亦是有缘，再相恋更是缘分，愿我们都能够有福分遇见那个他（她）并走进婚姻的殿堂！相爱容易，婚姻不易，且行且珍惜。托尔斯曾说过："幸福的家庭都一样，不幸的家庭却各有各的不幸。"在我们眼中，幸福的家庭一定是充满欢声笑语的，充满幽默地交流，充满谦让和理解。幽默作为一个被大家忽视的元素，却也是婚姻生活中极为重要的一环。

　　有个例子：凌利和男友小钟在大学相识，毕业异地2年，如今两人结婚5年，孩子刚满周岁。这两个人的相识也颇具戏剧性。一次，凌利和朋友一起去校体育馆打羽毛球，相邻场地的对面站着一位戴眼镜的大男孩。

　　凌利首次打球，发球走偏，砰一声砸碎了对面男孩的眼镜，顿时，玻璃渣四溅，凌利吓得直哭，一个劲儿地道歉。这位男孩吃力地笑笑，揉了揉眼睛，居然幽默地说："同学，你再练习练习，一定能进国家队啊，我这么小的眼镜你都能打中，那以后还不是想打哪打哪？"

　　这段化解尴尬的话让凌利记住了对方。故事的结尾是，他们成了校园里最甜蜜的情侣。

后来，有同学调侃小钟，是不是早就看上女友，小钟说过这么一句话："我要是生气骂人，眼镜还是碎了；但现在，我丢了一副眼镜，却换回一个好媳妇，赚了！"

都说距离产生误会，误会久了就会分离，可凌利和小钟硬把异地恋过成了蜜罐子，每到节假日就相约在一个城市里短途旅行。两个人的恋爱温度不降反升。有一次，两个人闹了点小误会，小钟在电话里故作生气地对凌利说："我，一点都不想你"。

好家伙，敢这样明目张胆的说话气我？凌利刚要发作，小钟赶紧补一句："我一点半想你，两点想你，三点想你。"一场危机，就此烟消云散。

幽默感，是需要培养的，需要双方互相体谅，并且互相制造幽默。所以说，好的夫妻是会相互感染的。

接着刚才的例子，婚后，小钟偶尔打游戏会忽略凌利，她不气也不恼，实在憋不住的时候，就突然冒到小钟面前，用力拍一下小钟的头发，娇嗔道："哟，老公你太专注了，头上有只蚊子都不知道"，小钟自然知道压根没什么蚊子，只是凌利的小调皮而已，两个人打打闹闹，最后抱在一起。

一个人懂幽默的人，会在漫长的婚姻中，渐渐凸显他平衡生活的技巧，周旋矛盾的能力。婚姻是门学问，好的婚姻需要艺术，而幽默感，才是幸福婚姻的标配。

马克吐温说："幽默，是一股拯救的力量。它是漫长而乏味的人生旅途的救命稻草。"

罗钦斯基夫人在其著名《生命的乐章》一书中，记载了这样的故事：

朋友问罗钦斯基"你生了儿子，满意吗？"他回答说："这得问我夫人,孩子是她生的。至于我,我平生最满意、最辉煌的成就,是我竟然能娶到这么好的妻子!"

罗钦斯基夫人马上接着说:"我为他生了孩子,却丢掉了皇冠!"

刹那间在座的朋友开怀大笑,他们的幽默,给了对方善意和台阶。

没有完美的婚姻,也没有完美的恋人。婚姻里,争吵和意见不合很平常,两个有幽默感的人,会把婚姻经营的毫不费力,情趣横生,充满乐趣。

世界之大,婚姻形式各异,有人把生活过得有滋有味,嬉笑怒骂两相宜,有人把婚姻过得沉闷乏味,事事较真,但幸福的婚姻应该是有两个,至少有一个有趣的灵魂。

日本大平正芳说:"幽默,可以说是能给人以微妙感的调剂生活的佐料。是让生活发生良性改变的点睛之笔。由于某种轻巧的幽默,就可以使当时的气氛为之改观,使陷于僵局的悬案豁然解决。"

一位著名女作家,她和老公的日常,经常让人捧腹不禁。

两人一起坐火车旅行,女作家忽然戏精附体,红着脸对老公说:"姐夫,你别这样,我姐知道了,会生气的。"

老公见状,立马接茬:"没事,小姨子,我们慢慢来。"前后座位的人齐刷刷望向他们,可两人像没事人一样不予理会。

本来是一个人的尴尬,老公成功把他的老婆也拖下了水。

老公出差半月,把心爱的绿植托付给女作家"抚养",没成想绿植一命呜呼。

老公回来黑脸对她,女作家立马点开微信,发了个红包,名曰:"绿植赔偿款",老公还是不悦,女作家佯装委屈状,嘟囔着:"我都不值一株绿植,那我还是离家出走好了",三步一回头,可怜巴巴地回头说:"我走喽,快点来抱大腿呀。"

老公知道她在玩,故意不理睬,女作家又接着说:"你接下来的台词是快滚回来,快讲啊!"老公不情不愿的"嗯"了一声。于是,女作家就跑过去,缠住他,"滚什么滚,滚了哪有人请你看《变形金刚》?哪有人问你粥可温,陪你立黄昏。"

他们两相识近十几年,走哪都是十指紧扣,心有灵犀又趣味相通。彼此的梗、幽默点,不用说话,一个眼神就能完全理解,不像世俗的感情那般严肃、厚重,倒像孩子一样简单、快乐,放松、洒脱。

婚姻不是搭伴过日子,死水一滩的生活确实乏味,适当制造一些浪漫和惊喜,为平淡的生活注入新鲜"空气",携手去对抗这漫长而蹉跎的岁月,岂不是更加有趣?

有一句话,幸福的婚姻就像一本幽默的书,翻看一辈子,每次都会有新的体会,百看不厌。

好的婚姻,永远充满未知和新鲜感,值得一辈子充满好奇的探索,你永远不知道下一秒有多少惊喜在等着你。

人对重复机械的事物,最容易失去兴趣且会更快产生厌烦甚至厌恶。幽默能让人保持长久的乐趣,积极的态度,这对婚姻而言,十分重要。

愿你找到那个陪你天南海北散扯,海角大涯漫游,于诗酒花茶小或油盐酱醋的琐碎里,永葆发现情趣的眼睛和幽默感的人。

笑对婚姻矛盾，用幽默赢得幸福

幸福的婚姻不是一种结果，而是一种动态的追求。幸福没有一劳永逸，幸福需要婚姻中的两个人努力去经营。要学会增添乐趣，学会化解矛盾。在这方面，幽默无疑是夫妻之间化解纠葛和尴尬的好办法，因为夫妻之间的大部分矛盾都不是原则性矛盾，很多时候不过是看法不同，或者是兴趣不同，或者是习惯不同。既然没有原则上的分歧，当然也就可以有多种解决之道。

罗钦斯基夫人在其名著《生命的乐章》一书中，记载了这样一个故事：

客人问罗钦斯基："你生了儿子，你对这个结果满意吗？"他回答说："这得问我夫人，因为孩子是她生的。至于我，我平生最满意、最辉煌的成就，是我竟然能说服她嫁给我！"

罗钦斯基夫人马上接着说："我为他生了孩子，却丢掉了皇冠！"

一刹那间整个屋子充满了笑声。他们的幽默，给了对方善意和台阶。

有一个故事说：一个妻子因为丈夫入狱而日日以泪洗面，妻子到监狱探望丈夫说:"你在这里过得怎么样?受苦了吧?"

丈夫说:"同在家里差不多,不让出门,不让喝酒,伙食也很差!"

妻子瞬间被丈夫的苦中作乐感动到了,也不再整日哭哭啼啼。

还有一对北漂的新婚夫妻,生活艰苦,住在城中村。

有一晚,因为房东提供的铁架床质量太差,毫无预兆地断了一根腿塌掉了。想想异乡打拼的辛苦,妻子不禁心酸泪涌。

男人轻柔地拭去她腮边的泪滴,坏笑着说:"哭啥?床断了说明我们太'恩爱'!我们以后努力,多多赚钱。而且你放心,只要有我一口屎吃,就有你一口尿喝。"

这句话让妻子破涕为笑,觉得拥有了这个家伙,再难熬的时光也能倒腾出一丝甜意。

很多人说王小波长的很丑,但是他的颜值是靠才华撑起来的。

他写给李银河的文字,随便扒几句出来,都极具笑点又深情入骨。比如:咱们应当在一起,否则就太伤天害理啦;习惯多么可怕,就像人习惯空气,鱼习惯水,而我习惯爱你;你不在我多难过,好像旗杆上吊死的一只猫。猫在爱的时候怪叫,讨厌死啦!可是猫不管情人在哪儿总能找到她。如果被吊死在旗杆上它就不能了,我就像它……

这般卖萌又自黑,却不觉轻挑、浅薄的风格,搁在当下就是个"段子手"。

假若婚姻是一盒薯条,伴侣的幽默感便是一包不可或缺的番茄酱,会为单调庸常的时光添加一抹清新、鲜活的滋味。每一个幽默感变成生活中的小"彩蛋",使婚姻中的两个人在庸常的相守里,拥有无数的小确幸。

第六章 家庭篇：幽默让家庭充满温馨和笑语

家庭教育更需要幽默

　　家庭教育是为人父母的一件大事，是影响家庭命运的重要参考，对孩子来说，也是决定孩子基础的核心力量，所以家庭教育变得越来越重要。家庭教育的方式多种多样，但总的说来，不外乎疾言厉色、心平气和、风趣幽默三种。家庭教育的本质在"教育"二字，无论哪一种教育方式，都离不开生活理念的灌输，但是不同的灌输形式产生的效果大不相同。疾言厉色的教育可以威慑孩子，但它容易让孩子产生对抗心理，是一种不得要领的教育方式。心平气和式的教育能使孩子体会到自己与父母在人格上的平等。这种平等对孩子是有积极作用的，会让孩子更独立，更愿意交流，更有求知欲。但由于语言平淡，不疼不痒，无法产生持久的效果。风趣幽默的教育触动的是孩子活泼的天性，因而更能在他们的心灵中留下不灭的印迹，使他们时刻以此警示自己。

　　幽默表面上只是一种教育手段，实际上它贯穿的是一种乐观精神，是影响孩子积极地面对生活、面对世界的重要能力。是一种坚信"明天会更好"的执著。当孩子拥有了幽默，在校园——这个迷你社会里——相信你的孩子与人相处时，会更加顺利，更合群。

那么，幽默在家庭教育中会带来哪些好处呢？

幽默本身是一个思考的过程，父母在教育孩子时运用幽默，能保持孩子的大脑兴奋性，活跃家庭气氛，消除紧张和疲劳，加深孩子的记忆程度。思维保持兴奋性的孩子，头脑会更灵活，这就像经常运行的机器，工作起来更加自然顺畅。幽默能够刺激人的大脑，思考笑点或者敏感点在哪里，当你认识到这一点的时候，你就会产生兴奋感。

幽默的语言表达了一定的思想情感和立场观点。在批评孩子时，父母的几句幽默的话，不但能够消除孩子的紧张心理，还能让孩子在笑声中受教育，这种幽默语言大大胜过空洞的说教和板起面孔的教训。如果你能善用幽默，孩子会更听话，你们之间的亲子关系也会更加良性地发展。

幽默的和善性：幽默的语言委婉含蓄、轻松自如、有趣可笑，给人以温和、友善之感，一般容易为孩子所接受。当孩子没有成熟的心态的时候，喜欢接受善意的指点，幽默中的和善性当然是一大重点。

幽默的启发性：幽默是精致的语言艺术，它不是肤浅的滑稽，是一种包含智慧的表达；它能让听者领悟到其中蕴含的智慧和哲理，在笑声中得到启迪，比起直白的语言更具有启发性，而且也会加深他们的记忆。幽默的笑点直接把孩子的注意力集中到一点，他们就会产生好奇，好奇的背后就蕴含着思考，思考就会加深记忆。

幽默的教育是一种变通的教育，幽默能够促使孩子形成学习上的"兴奋点"，吸引孩子的注意力，激发孩子的学习热情，从

第六章　家庭篇：幽默让家庭充满温馨和笑语

而提高学习质量。将幽默效应应用在教育上，不仅效果好，更深受孩子们的欢迎。媒体上曾经公布过的一份调查资料显示：在中小学生中，有近90%的人喜欢"幽默风趣、平等待人、知识渊博"的老师。所以，如果父母在教育孩子的时候能够多一些幽默，孩子会更容易接受父母的教育内容。

如何与孩子幽默地沟通

俗话说："养不教父之过，教不严师之惰。"从这句话中，可体会到的是严格的教育方式，父亲的拳头和老师的戒尺都是管教的工具，顺从的孩子学好了，叛逆的孩子可能堕落了，走上了歪路。你何曾想过："这其实是你们一手造成的，你还站在道德的至高点上唉声叹气，怎么会生了这个败类？"回过头来，慢慢懂得似乎有些不对，是哪里出了错呢？

严格的教育只是一种极端的教育方式，好的教育需要急缓兼顾，单纯的严苛，只会把孩子推向极端。所以教育孩子需要幽默，"棍棒教育"会加大孩子对你的厌恶感和失望感，当他们误入你指的方向的反方向，凭借叛逆之气越走越远时，你感到了慌张。当他们迷途知返的时候，可能也就过了人生中最美好的青春岁月，后来的路难走了。有人说："谁的青春不迷茫？"可是，你的孩子似乎更加的迷茫，始终找不到方向，静下心来想，到底是谁的错呢？双方占错比例孰轻孰重？显然，后续的发展需要孩子自己来负责，然而前期的教育，也就是孩子处于未知状态，需要引导的时候，则需要父母来负责。

心理学研究表明，家庭教育中的幽默具有让人意想不到的力量，幽默的功效很多时候比严苛的态度要好。很多妈妈认为，教育是那样严肃的一件事情，怎么能用幽默来表达呢？而且妈妈作为长辈，理应有地位、权威，使用幽默的教育方式，不是会让妈妈毫无威信吗？其实不然。

乔南在书房里做作业，妈妈则坐在书架旁看书。原本，母子俩互不干扰，可妈妈翻书间隙不经意地一抬眼，刚好看见乔南正在偷偷地摆弄书桌上的多功能文具盒。妈妈这边轻轻咳嗽了一声，乔南手一抖，赶紧回头，这才发现原本看书的妈妈正盯着他看。

乔南被吓了一大跳，紧张的红了脸，他默默地低下头，等着即将到来的暴风骤雨。然而，妈妈忽然轻轻笑了一声："南南啊，你是不是觉得越危险的地方越安全呢？"乔南一愣，随即也笑了，他调皮地说："妈妈，看来还是您明察秋毫啊！"妈妈接着说："眼看着'革命'就要胜利了，你难道不想赶快脱离这个'危险'地带吗？"乔南赶紧将自己该用的文具都拿了出来，随后把多功能文具盒推到了一旁，认认真真地写起作业来。

教育的目的是改正孩子的缺点，培养孩子的优点，严厉是一种方法，却不是唯一的方法。况且处在青春期的孩子，有很强的叛逆心理，如果教育失当，往往不会有好结果。乔南的妈妈用轻松幽默的口气与话语提醒乔南要认真做作业，这样的沟通让孩子不紧张，又能领会到妈妈的用意。这不是更好吗，既让孩子乖乖听话，又没有严厉地责备孩子，使孩子感到紧张。试想，如果妈妈发现乔南搞小动作时就厉声训斥说："你怎么这么不认真？学习的时候光想着玩，你怎么能学好？"这样的话语可能只是一时让孩子认真起来，但过后他也许还会犯同样的错误。

所以，严厉的教育其实是效率低的一种教育方式，幽默的沟通才是能拉近妈妈与孩子距离的最好沟通方式。首先，妈妈的幽默将会使孩子紧张的情绪得以缓解，会大大降低孩子对我们的教育的抵触情绪；其次，幽默会让妈妈高高在上的形象变得不那么"遥不可及"，孩子会感觉到亲切，这将有利于亲子间的沟通；最后，幽默能让孩子在笑声中领悟道理，他可能会对这样的教育记忆更为深刻。鉴于幽默有如此多的好处，我们何不尝试一下呢？

因此，妈妈要培养自己的幽默感。天生拥有幽默能力的人并不多，这是一种很难得的技能，但是幽默感是可以培养的，无论是孩子的还是我们自己的，而我们首先应该要培养自己具有幽默感。平时我们可以多看一些幽默类的书籍，多关注一下具有幽默感的人的表达方式。当然，这种幽默也是有一定要求的，不能是低俗的无聊的幽默，我们需要的是一种有智慧的幽默，要能使孩子在笑声中受到教育。

面对孩子，尤其要注意巧妙运用幽默

幽默感最重要的是实际演练，纸上谈兵没有多少意义。当我们慢慢培养起自己的幽默感之后，我们就要将其应用到实际中去。这就要求我们要巧妙地运用幽默，这样才能达到我们的教育目的。

第一，我们运用幽默的方法要巧妙，不能生硬地去幽默。有的妈妈可能只顾着要达到幽默的效果，却根本没考虑幽默的运用环境，这样一来幽默的效果不但显现不出来，还有可能会出现反效果。当环境和时机不适合幽默，或者幽默的点与当下不契合的时候，不要盲目幽默。比如，孩子考试失利，原本已经很沮丧了，可妈妈此时却"幽默"地说："我们家的博士怎么在这小阴沟里翻船了呢？"妈妈的本意可能是想要让孩子笑一笑，缓解一下沮丧的情绪，但在这样一个特殊的环境下，敏感的孩子就会认为妈妈是在讽刺他，他可能因此还会产生心理负担，这就是幽默的反效果。反效果，会把原本就很糟糕的局面搞得更糟。因此，在和孩子沟通的过程中，我们应该根据当时讨论的事情以及事情发生的环境，适当地将幽默的语句加入进去，让幽默在其中起到一个点睛的效果。而且，如果当时并不适合使用幽默，我们就不要非要去幽默了。

　　第二，我们运用幽默时一定要注意分寸。分寸即是尺度，任何地方都需要尺度，过度了就会出现不可控的局面。即使是对孩子，如果我们"玩笑开大了"，他们也一样会感到非常不舒服，更会对我们的话产生一种抵触的情绪。我们该适度地用幽默缓解紧张的气氛，让孩子能领会到我们的教育意图。

　　第三，学会采用多种幽默的方式。如果总是用同一种幽默，或者经常说相似的话，孩子很快就会感到枯燥，甚至觉得很无聊。孩子喜欢新鲜感，家长要给予孩子新颖的幽默。幽默不一定只用语言来表达出来，动作、表情等等都可以向孩子传递幽默的信号。我们不一定非要用很夸张的表情动作，瞪大眼睛，或者做几个可爱的小动作这些都是表达幽默的方式。

　　马林8岁了，在他的内心世界里，有很多好奇的问题，他经常会向妈妈发问。一天，妈妈送马林上学，在学校门口，马林一下子被一辆新型小汽车吸引住了，他从来没见过这辆车，好奇的马林拉着妈妈的衣角，问："妈妈，你知道这是什么牌子的汽车吗？"

　　妈妈着急上班，希望可以快点离开，于是匆匆看了一眼，就告诉马林："妈妈不知道，妈妈上班要迟到了，你快点进学校吧！"马林一动不动地站在那里，一本正经地说："妈妈没有认真回答我的问题。"马林的一句话点醒了妈妈，因为她当时只是匆忙看了一眼车的牌子就说自己不知道，分明就是在敷衍马林。对于孩子来说，这种敷衍如果反复出现，对孩子的影响是巨大的，这会严重打击孩子的积极性。从妈妈的表情、动作中，马林看出了她的着急，也看出了她没有心思回答问题。长此以往，孩子就会变得缺乏勇气，打消自身的求知欲。

于是，妈妈真诚地对马林说："儿子，对不起，妈妈刚才没有认真回答你的问题。"说完，妈妈走到汽车的旁边，仔细看了看汽车的牌子，说："妈妈不知道，但是我们可以把这个车的牌子记下来，晚上回去查一查，好不好？"马林微笑地说："好的，妈妈，那你赶快去上班吧！"说完，马林高兴地跑进了学校……

从马林的事例中，我们可以看出，身体语言是可以决定沟通效果的。是妈妈的肢体语言表现出的诚意说服了小马林，虽然马林的年龄较小，但是他的观察力却是敏锐的，他可以从妈妈的表情、动作中判断出妈妈的态度。因此，我们在与孩子沟通时，一定要注意身体语言所传递出来的信息，善于运用让孩子感觉更温暖的沟通方式，以达到理想的沟通效果。

幽默是父母与孩子沟通的有效方式。世界上有人拒绝痛苦，有人拒绝忧伤，但绝不会有人拒绝笑声。况且孩子还未经尘世的洗礼，想象力丰富，特别爱笑，这个时候，幽默的效果会更好。在教育孩子时，一个父母如果经常能想到"寓教于乐"，再顽皮、再固执的孩子也会转变的。幽默表面上只是一种教育手段，实际上它贯穿的是一种乐观精神，一种坚信"明天会更好"的执着，反映了教育的人文本质。

如何幽默地劝导孩子

生活中，孩子们经常会出于某种目的做一些不利于自身身体健康或身心发展的事情，但是家长正面劝说又无济于事，孩子的意志很坚定，虽说这种坚持的做事态度值得表扬，但因其结果的危害性，家长还是应该想办法制止他的行为，这时，我们应该正确引导孩子并加以规劝，才能达到教育的目的。

规劝的方式有很多种，幽默教育是其中比较花心思的，也是效果比较好的一种。下面的几个例子，就能很好地表现出幽默教育的魅力。

案例一：

"老爸，我想染一头红毛。"

"丑不丑先不说，你怎么能逃课呢？"

……

案例二：

"爸爸，我想买玩具车。"

"你不是有很多车了吗？怎么还买？这么喜新厌旧可不好。"

"我不是喜新厌旧，我就是缺这款。"

"你还缺车位呢。等你有车位了,再买车吧。"

这两位机智老爸用他们的幽默感轻松化解了我们常见的"教育危机",方法新颖而独特。试想一下,如果老爸们采用责骂说教的方式阻止孩子,很可能会产生一场小冲突,还未必能解决问题,但如果能如这两位老爸一样"寓教于乐",再顽皮固执的孩子也会慢慢发生转变。甚至会培养出一个同样富有幽默感的孩子。

如果细心观察,在家庭教育中,幽默这个"润滑剂"的确不可或缺。幽默不仅仅是一种沟通方式,也是一种生活态度,更是一种不可忽视的教育智慧。有时候,父母幽默地说话,远远胜过呆板无味地说教;父母轻松乐观的精神,会感染你的孩子如何面对挫折;父母风趣幽默的态度,会触动孩子活泼的天性。等他们长大了,也会带着快乐的眼睛去看待这个世界。与其说,我们是用幽默教育孩子,不如说我们是培养了孩子的幽默。

可能你会说,我天生就是个没有幽默感的人。没关系,大部分人都不是生来就有幽默感的,但首先你要先认同,认同幽默感在亲子关系中是一种非常重要的情感表达;然后,去做一个热爱和感悟生活的可爱家长。请记住,您和孩子只有在充满爱的环境中,才能发展幽默感和快乐向上的情绪。聪明的孩子,会在家长的幽默中,看到良苦用心。

林语堂说:"豁达的人生观,率真无伪的态度,加上炉火纯青的技巧,再以轻松愉快的方式表达出来,这便是幽默。"幽默来自人的内涵,真正的幽默是自然的流露,是化尴尬为和谐,让人感到愉悦的一种调剂。千万不要为了幽默而幽默,让幽默变成冷嘲热讽或油腔滑调。

177

父母在孩子还是小婴儿时，我们都会放低自己，在孩子面前各种做鬼脸，博孩子一笑。可是等孩子进入两岁到三岁，开始启蒙教育的时候，之前那个可爱的家长就突然消失了，取而代之的是一本正经甚至严声厉色的大家长。究其原因，是孩子已经开始有记忆和意识，家长需要在这个时期通过严肃来确立自己的威信。但其实，如果我们一直保持和孩子某种程度上平等的位置，把自己也当成个孩子，和他们一起游戏、学习，进入他们的世界，体验他们的角色，你会发现会很容易跟他们打成一片，沟通起来会更顺畅，更有效果。

第六章　家庭篇：幽默让家庭充满温馨和笑语

幽默的家庭更有助于孩子的成长

有一项名为"儿童参与家庭教育"的调查结果显示：41.4%的小学生和46.9%的中学生希望父母具有幽默感；23.5%的小学生和22.5%的中学生表示希望和父母一起玩游戏、上网、娱乐；还有16.2%的小学生和15.1%的中学生认为在家里最喜欢与爸爸妈妈做的事情是聊天、谈心。

这一调查结果从侧面反映了现代孩子们内心的孤寂。由于城市高楼的封闭，手机、电脑等娱乐工具加剧了孩子们孤独的状态。孩子在课堂外几乎处于与世隔绝状态，他们很少有共同的游戏和集体的娱乐。同时，快速的生活节奏导致许多家长缺少与孩子的沟通。

大多数家长在教育孩子的时候，总是板着脸说教，这种教育方式会让孩子敬而远之，从心里抵触家长的说教。如果家长能用一种幽默的言语或方式与孩子沟通，那一定会起到更好的效果。

幽默是灭火器，能使剑拔弩张的气氛降温；幽默是润滑剂，能使大家融洽地相处；幽默是快乐之源，能使我们的家庭生活充满和谐与快乐。家长教育孩子的时候，恰当的幽默不仅能使孩子免去在大人面前的拘谨，还能使孩子在轻松的环境中敞开心灵，乐意接受家长的教导。

有人说人与人之间相处缺乏幽默是悲哀的，家长在教育孩子的时候也是如此。幽默代表着教育方面的一种可能性。幽默感可以感染孩子，在一个充满幽默欢笑的家庭里，孩子就会变得活泼、热情、开朗。相反的，如果家长从来不风趣幽默，孩子也会像家长那样表情"死板"，没有了天真和活泼。

幽默不仅对孩子的成长大有裨益，对孩子将来步入社会也很有帮助。作为启蒙教育者的家长，与子女开些善意的玩笑，鼓励孩子说些健康的俏皮话，用幽默的方法教育孩子，是十分有益的。儿童心理学家认为幽默教育绝非逗乐，而是在培养孩子健康欢乐的性格。孩子犯错的时候，严肃认真的批评是一种教育方法，采取幽默教育同样也可以达到教育的目的，甚至效果会更好一些。所以，家长在教育孩子时要适当风趣幽默，也要适当培养孩子的幽默感，让他们有更多的方式面对未来。

培养孩子的幽默感有以下几个方法以：

1.给孩子讲幽默故事

家长应该在孩子的不同年龄阶段，给他们读一些适时的幽默，并让他们效仿故事中的人物讲话，使其从中培养幽默感。

2.善于捕捉生活中的幽默

生活中的幽默无处不在，细心的家长会发现我们身边有很多幽默的事情。比如，有孩子说："我喜欢下雨天。下雨了可以用雨水洗盘子，把盘子放在外面就行了。妈妈就不用那么辛苦了。"孩子往往能说出一些天马行空的话，需要家长做个有心人，捕捉生活中有趣的情节和对话，时常与孩子一起分享这种快乐。

3.善于运用幽默教育

幽默教育表现在与孩子幽默地沟通，家长应学会用一些幽默又富有哲理的语言与孩子交流，这是一种很好的教育方式，他能融洽亲子间的关系，让孩子在充满自尊的情况下得到启发，让他们在笑声中改正错误，在快乐中成长。